현대법학입문

Introduction to Korea's modern law

류화신 지음

머리말

현대 사회는 개인의 자율과 행복이 강조되고 있다. 20세기 사회주의 혁명으로 건설된 소비에트사회주의공화국연방이 힘없이 붕괴되었고, 이렇게 승리한 자본주의도 소비자문제, 실업문제 등 각종 자본주의의 부작용을 여실히 드러내고 있다. 이러한 분위기 속에서 법의 궁극적인 목적은 인간 존엄성의 확보와 사회정의의 실현으로 집약될 수 있다.

더욱이 현대 사회는 IT, BT 등 과학기술의 놀라운 발전으로 인하여 사생활 보호 요청은 물론 개인의 출생과 사망, 전통적인 가족관계에도 놀라운 변화를 초래하고 있다. 개인정보보호의 문제, 인공보조생식술에 의해 출생한 자와의 친자관계, 연명치료중단의 문제, 전자소송의 도입 등 법은 변화된 사회현실을 반영하여 계속 발전해 가지 않을 수 없다.

이 책은 아직 법학을 공부해 보지 못한 법학 초심자들을 대상으로 하고 있다. 한정된 지면 내에서 법학의 기본적인 사항, 현대사회 특유의 법 현상들을 경험하고자 하는 학생들이 있다면 다소 도움이 될 것으로 본다. 총 10장으로 구성되었고, 헌법 · 민법 · 형법, 그리고 민사소송 · 형사소송 · 헌법소송을 아홉 장에 걸쳐 다루었으며, 가정문제이지만 범죄적 성격을 가진 가정폭력에 관하여 독립된 하나의 장을 마련하였다.

실제 저자는 법학개론 수업을 통해 한 학기라는 제한된 시간 동안 법학에 관심을 보인 눈 맑은 수강생들에게 이 내용을 전달하고 이해시키면서 이들의 반응을 관찰한 바 있다. 이 책을 통해서 더 많은 학생들이 법학을 재미있어 하고 더 깊이 공부하고 싶어 하는 마음이 생기길 바란다. 나름 입문서답게 초심자가 쉽게 이해할 수 있도록 간결하고 평이하게 기술하려고 하였으나 그렇지 못한 것 같아 아쉬움이 있다. 이 책의 내용이 부적절하거나 불충분한 점이 있다면 지적해 주기 바란다.

마지막으로 이 책이 나올 수 있도록 도움 주신 분들에게 감사드린다. 원고 교정에 도움을 준 김민우 박사와 출판을 맡아준 충북대학교 출판부, 내 사랑하는 가족에게도 감사드린다.

2012년 8월 저자

목차

제1장 법의 의의와 연원

1. 법의 의의

사람은 타인과 함께 존재하며, 사회와 떨어져서 살 수 없다. 그리고 사회에는 구성원들을 구속하고 공동체로 성립시킬 다양한 **사회규범**이 존재한다. **법(法)** 역시 도덕, 종교, 관습 등과 함께 이러한 사회규범의 한 종류이다. 다만, 법은 국가권력에 의해 강제되는 규범이라는 점에서 도덕 등 다른 규범과 구별된다. 부연하면, 법은 정의(正義)의 실현을 위해 입법자(권력자)에 의해 인위적으로 만들어진 타율적 · 강제적인 규범인 반면, 도덕은 인간의 양심에 따라 선(善)을 실현시킬 목적으로 각자가 자기에게 명하는 윤리적 · 자율적 규범이라고 할 수 있다. 그리하여 법을 위반하면 국가권력에 의한 제재를 받지만, 도덕, 종교, 풍속 등의 규범을 위반하면 사회적으로 비난받거나 동료와 결별할 수는 있어도 국가권력에 의해 강제되거나 처벌 받지는 않는다. 법은 국가라는 공동체를 유지하기 위해 불가결한 수단이며, 국가와 분리하여 생각할 수 없는 규범이다. 그리고 국가권력에 의한 제재는 입법정책(국가의 정책)의 문제가 된다. 그러면서도 종래 법과 도덕의 관계를 언급할 때, “법은 도덕의 최소한” 혹은 “법은 최대한의 도덕”이라는 표현으로 양자의 관계가 설명되기도 하였다. “도덕은 법의 목적이면서 법을 의무지울 수 있는 효력의 기초가 된다.”라는 라드브루흐(Gustav Radbruch)의 말이 오늘날 법과 도덕의 융합관계를 잘 설명하고 있다고 본다.

법에 의해 평가되고 규율되는 생활관계를 **법률관계**라고 한다. 국가와 국민간의 통치관계, 개인 간의 일반 채무관계, 가족 간의 친족상속관계 등은 모두 법률관계에 의해 규율된다. 법률관계는 구체적으로 권리와 의무로 나타난다. 법에 의해 보호되는 지위를 **권리**라고 하고 법에 의해 구속되는 지위를 **의무**라고 한다(의무는 어떤 행위를 하여야 할 작위의무와 하지 않아야 할 부작위의무로 구분된다). 권리 · 의무는 서로 표리의 관계이다. 예를 들어, 매매계약의 경우 매도인은 목적물인도의무를 부담하고 대금채권을 가지는 반면, 매수인은 목적물인도청구권을 가지고 대금지급의무를 부담하게 된다. 이러한 권리 · 의무 관계는 사법(私法)의 중심개념을 이루고 있다.

법철학자인 라드브루흐는 법이 법으로서 지향해야 할 가치, 즉 **법의 이념**으로 정의(正義), 합목적성(合目的性), 법적 안정성(法的 安定性)을 들고 있다. **정의**는 모든 사람이 납득할 수 있는 공정하고 합리적인 사회적 가치기준을 의미한다. 고대 철학자 아리스토텔레스는 정의의 본질을 평등이라고 하면서, 모든 인간을 동등하게 취급하는 평균적 정의(산술적 · 절대적 평등)와 능력, 수입, 공헌도 등에 따라 차등 대우하는 배분적 정의(비례적 · 상대적 평등)로 구분하였다. 어원적으로 법(ius)은 정의(iustitia)와 밀접한 관련을 가지지만, 정의의 개념은 매우 추상적이고 포괄적이며 또 역사적이고 상대적이다. 일반적으로 정의의 내용에는 인간의 존엄성, 자유, 평등, 평화 등이 확보되어 있어야 한다. 대법원은 "사회정의와 형평의 이념에 맞도록 논리와 경험의 법칙, 그리고 사회일반의 상식에 따라 합리적으로 해석하여야 한다."라는 점을 분명히 하고 있다.[1] 이러한 정의가 공허한 외침이 되지 않기 위해서는 합목적성이라는 방향과 기준이 필요하다. **합목적성**이란 목적에 맞추어 방향을 결정하는 원리를 말하며 법

1) 대법원 1999. 11. 26. 99다43486

에 있어서는 법이 그 가치관에 구체적으로 합치되는 것을 말한다. 법의 목적은 국가의 목적과 직결되기 때문에 법의 합목적성은 국가의 목적에 의해 결정되며 국가관에 따라 달라진다. 따라서 합목적성이란 법이 국가이념과 가치관에 적합해야 하고 그것의 실현을 지향해야 한다는 요청을 말한다. 법의 합목적성은 개인 간의 이익충돌, 자유와 질서의 반목, 개인주의와 단체주의의 대립·모순되는 가치관을 조절하는 합리적 기준을 제시하는 역할을 하는 것으로 평가되고 있다. 마지막으로, **법적 안정성**이란 법에 의해 보호되는 사회생활의 질서와 안정을 의미한다. 법적 안정성이 실현되기 위해서는 법 자체가 안정성과 예측가능성을 가져야 한다. 법이 함부로 변동되는 일이 없어야 하고, 법의 내용이 명확해야 하며, 이미 확립된 사회질서를 가능한 존중하여야 한다. 민법상 시효제도, 형법상 죄형법정주의. 행정법상 신뢰보호의 원칙 등은 이러한 필요성에서 인정되는 것이다.

2. 법의 연원

법은 다양한 형태로 존재한다. 크게 구분하면, 성문법(written law)과 불문법(unwritten law)으로 나눌 수 있다. **성문법**이란 헌법, 법률, 명령, 조례, 규칙 등과 같이 문장화되어 일정한 절차에 따라 제정된 법규범을 의미한다. 이에 비해 **불문법**은 관습법, 판례법, 조리 등과 같이 법으로 제정되지 않은 채 존재하는 법규범을 지칭한다.

(1) 성문법

영미법 체계와 달리 우리나라는 성문법주의를 취하고 있다. 법의 효력은 국가의 최고법규인 대한민국 헌법을 정점으로, 국회가 제정한 법률, 행정기관이 제정한 명령, 지방의회가 제정한 조례 등의 순위에 의한다(상

위법 우선의 원칙).

① 헌법

『헌법』은 국가의 최고법이다. 법규범 중 가장 상위에 위치하여 최고의 효력을 갖는다. 법률을 비롯한 다른 하위 규범들은 헌법에 근거하여 제정된다. 위헌법률심판 및 위헌심사형 헌법소원은 법률이 헌법에 합치되는지 여부를 다루는 재판이다. 우리 헌법에서는 독립된 헌법기관인 헌법재판소가 이 기능을 담당하고 있다. 헌법은 모든 국가권력, 즉 집행권, 사법권, 입법권을 구속한다. 또한 헌법은 모든 법 영역, 즉 공법(公法)영역뿐만 아니라 사법(私法)영역에도 효력을 미친다. 사인(私人)간의 관계를 규율하는 사법영역에 대한 헌법의 효력은 입법부가 사법영역에 관한 법률을 제정함으로써 실현된다. 헌법은 국가의 성격과 구조, 국민의 권리와 의무, 통치기관의 지위와 권한을 규정한다는 의미에서 국가의 기본법이기도 하다. 그 외에도 헌법은 정치적이며, 역사적이고, 이념적이다.

우리 헌법의 기본원리로는 국민주권(國民主權)의 원리, 법치주의(法治主義), 민주주의(民主主義), 사회복지주의(社會福祉主義) 등을 들 수 있다. **국민주권**의 원리는 국가적 의사를 전반적·최종적으로 결정할 수 있는 최고의 권력인 주권을 국민이 보유한다는 것과 모든 국가권력은 국민으로부터 나온다는 현대헌법국가의 기본원리이다. **법치주의**는 간단히 말해서 〈법의 지배〉, 〈법에 의한 통치〉의 원리이다. 법치주의의 과제는 사람에 의한 자의적이고 주관적인 통치가 아니라 법이라는 확정적이고 객관적 기준에 의해 통치함으로써 국민의 기본권을 보장하는 것이다. 오늘날 법치국가의 원리는 법의 '내용'도 기본권 보장이 포함된 법치주의일 것을 요구하는 실질적 법치주의로 파악되어야 한다. **민주주의**는 국민에 의한 자기지배를 이상으로 하는 정치원리를 말한다. '주권은 국민에게 있고, 모든 권력은 국민으로부터 나온다'는 국민주권제(헌법 제1조 제2항), 국민투표제도(제72조 및 제130조 제2항), 선거제도에 관한 민주적 선거원칙

(제41조 제1항 및 제67조 제1항), 대의제도(제3장 국회, 제40조 이하) 등의 헌법규정을 통해 구체화된다. **사회복지주의**는 〈사회국가의 원리〉라고도 하는데, 사회국가란 사회정의의 이념을 헌법에 수용한 국가, 즉 사회현상에 대하여 방관적인 국가가 아니라 경제 · 사회 · 문화의 모든 영역에서 정의로운 사회질서의 형성을 위하여 사회현상에 관여하고 간섭하고 분배하고 조정하는 국가이며, 궁극적으로는 국민 각자가 '실제로 자유를 행사할 수 있는 그 실질적 조건'을 마련해 줄 의무가 있는 국가를 의미한다.[2] 사회복지주의는 사회적 기본권, 즉 교육을 받을 권리(제31조), 근로의 권리(제32조), 근로자의 권리(제33조), 인간다운 생활을 할 권리(제34조 제1항), 건강하고 쾌적한 환경에서 생활할 권리(제35조), 혼인과 가족의 보호(제36조) 등의 기본권 보장과 사회적 시장경제질서(제119조 제2항)라는 경제질서의 구현을 통해서 실현될 수 있다.

헌법 제정의 주체는 국민이다. 그리고 헌법을 개정하는 절차가 법률의 개정 절차보다 까다로운지 여부에 따라 경성헌법(硬性憲法)과 연성헌법(軟性憲法)으로 구분되는데, 우리나라를 비롯한 대부분의 국가가 경성헌법에 속한다. 우리 헌법의 개정절차는, 헌법개정에 대한 제안 → 공고(20일 이상) → 의결(60일 이내) → 국민투표(과반수의 투표와 투표자 과반수의 찬성으로 확정) → 공포(대통령) 순이다.

② 법률

법률(statute)은 **입법기관**인 국회가 제정한 성문법을 말한다. 국회에 입법권을 부여한 이유는 국회가 국민의 대표기관이기 때문이다. 법률은 상위규범인 헌법에 근거하여 헌법의 범위 내에서 제정되어야 한다. 어떤 사항은 반드시 법률로써 규정되어야 하는 것이 있는데, 대한민국의 국민이 되는 요건(헌법 제2조 제1항), 국민의 기본권 제한(제37조 제2항), 조

2) 헌법재판소 2002. 12. 18. 2002헌마52, 헌법재판소 2004. 10. 28. 2002헌마328

세의 종목과 세율(제59조) 등이 그러하다. 단, 국민의 기본권을 법률로 제한하더라도 기본권의 본질적인 내용을 침해하는 입법을 해서는 안 된다. 법률의 제정은 법률안의 제출 → 의결 → 공포의 3단계를 거치며, 법률안의 제출은 국회의원과 정부가 할 수 있다(제52조). 법률은 특별한 규정이 없는 한 공포한 날로부터 20일을 경과함으로써 효력이 발생한다(제53조).

법률 상호간의 효력에 관해서는 〈신법(新法) 우선의 원칙〉과 〈특별법(特別法) 우선의 원칙〉이 적용된다.

③ 명령 · 규칙

명령은 국회로부터 입법권을 위임받은 **행정기관**이 제정하는 법규범이다. 행정기관이 제정한다고 하여 행정입법이라고도 한다. 전문적 · 기술적 지식을 필요로 하거나 현실의 변화에 탄력적으로 대응할 필요가 있는 사항에서는 행정기관이 법규범을 제정하는 것이 더 적합할 수 있다.

행정입법에는 법규로서의 성질을 갖는 **법규명령**과 그렇지 않은 **행정명령(행정규칙)**으로 크게 구분된다. 법규명령(위임명령 · 집행명령 등)이 일반적 · 대외적 구속력을 가진다면, 행정명령(훈령, 지시, 예규, 일일명령 등)은 행정 내부의 구속력만 가진다. 법규명령은 국민의 권리 · 의무와 관계되고 추상적 · 계속적 법규로서의 성질을 가지므로 행정명령과는 달리 일정한 형식과 공포를 필요로 하고, 반드시 법률에 그 근거가 있어야 한다.

법규명령은 법률의 위임을 필요로 하는지 여부에 따라 위임명령과 집행명령으로 나뉜다. **위임명령**은 법률에 의해 위임된 사항에 관하여 행정기관이 발하는 명령으로서 위임의 범위 내에서는 권리와 의무에 관한 새로운 사항을 규정할 수 있다. 그러나 **집행명령**은 법률의 위임 없이 행정의 고유 집행권에 근거하여 발하는 명령으로서 법률의 범위 내에서 법률의 집행에 필요한 구체적이고 세부적인 사항을 규정하기 위한 것이다. 이 경우에는 권리와 의무에 관한 새로운 사항을 규정할 수 없다. 법규명령은 형식적 의미에서의 법률은 아니지만 실질적인 의미에서는 법률에 준하는 것으로 볼 수 있다.

명령은 제정 주체에 따라 대통령령, 총리령, 행정 각부 장관이 제정하는 부령으로 나뉜다. 대통령령을 시행령이라고 하고, 총리령이나 부령을 시행규칙이라고 한다. 대통령령, 총리령, 부령에는 위임명령과 집행명령이 모두 포함된다.

한편, 규칙이란 **행정기관 이외의 국가기관**이 자율적인 업무수행을 위하여 제정하는 법규범이다. 규칙에는 국회규칙, 대법원규칙, 헌법재판소규칙, 중앙선거관리위원회규칙, 감사원규칙 등이 있다.

명령과 규칙은 헌법과 법률을 위반하여서는 안 된다. 일반적으로 행정입법에 대한 사법적 통제는 법원에 의해 행해진다. 만약 행정입법이 위법하다고 판정이 난 경우, 현재의 일반적인 견해에 따르면 당해 행정입법이 일반적으로 효력을 상실하는 것이 아니라, 당해 사건에 한하여 적용되지 않는 것으로 본다(위법하다는 판정이 난 행정입법도 당해 사건 외에서는 폐지되기 전까지 여전히 유효한 것으로 본다).

④ 자치법규

자치법규는 지방자치단체[3]가 헌법이 인정하고 있는 자치입법권에 근거하여 제정한 법규범이다. 자치법규에는 조례와 규칙이 있다. **조례**는 지방자치단체가 지방의회의 의결을 거쳐 제정하는 것이고, **규칙**은 지방자치단체의 장(長)이 제정하는 것이다.

우리나라는 지방 단위에서 주민자치를 실현하기 위하여 헌법과 『지방자치법』 등을 통해 지방자치제(地方自治制)를 실시하고 있다. **지방자치제**란 일정한 지역을 기초로 하는 단체나 일정한 지역의 주민이 지방적 사

---

3) 지방자치단체는 특별시, 광역시, 특별자치시(세종시), 도, 특별자치도(제주도)와 같은 광역자치단체와 시, 군, 구(자치구)와 같은 기초자치단체로 나누어진다(지방자치법 제2조 제1항).

무를 자신의 책임 하에 자신이 선출한 기관을 통해 처리하는 제도이다. 지방자치단체는 주민의 복리에 관한 사무를 처리하고 재산을 관리하며, 법령의 범위 안에서 자치에 관한 규정을 제정할 수 있다(헌법 제117조 제1항). 여기서 '법령의 범위 안에서'란 '법령에 위반하지 않는 범위 내에서'를 의미하며[4], 만일 조례가 법령에 위반하는 경우에는 조례로서의 효력을 갖지 못한다. 지방자치단체의 장도 법령 또는 조례가 위임한 범위 내에서 그 권한에 속하는 사무에 관하여 규칙을 제정할 수 있다. 조례와 규칙은 지방자치단체의 자치법규이므로 원칙적으로 해당 지방자치단체 내에서만 구속력을 가진다.

(2) 불문법

① 관습법

오랜 기간에 걸쳐 일정한 공동체의 구성원들 사이에 일정한 유형의 행위가 반복되고 그러한 행위유형에 따르는 것이 법적으로 구속력이 있다는 확신이 자리 잡혀 있는 경우에도 법원(法源)이 될 수 있다. 이러한 불문법을 **관습법**이라고 한다. 관습법은 입법권을 갖는 국가기관이 일정한 형식과 절차에 따라 제정한 것이 아니라 일정한 공동체의 구성원들 사이에 자생적으로 형성된 것이다. 또한 관습법은 문서(법전)의 형태로 표현되는 것이 아니라 공동체의 구성원들의 공유된 법적 확신이라는 형태로 나타난다. 따라서 관습법은 사회학적인 방법에 의한 법의식의 조사를 통해 확인된다. 관습법이 성립하기 위해서는 ① 오랜 기간에 걸쳐 일정한 공동체(지역, 업종, 직역)의 구성원들 사이에 반복적인 관행이 형성되어 있어야 하고, ② 공동체의 구성원들 사이에 그러한 관행이 법적 구속력을 갖는다는 **법적 확신**이 존재하여야 하며, ③ 그러한 관행이 일반적인 법원

4) 대법원 2004. 7. 22. 2003추51

리나 가치에 부합하는 정당성을 가져야 한다.

관습법의 효력에 관해서는 두 가지 이론이 존재한다. 하나는, 특정한 사항에 관해 성문법이 존재할 때에는 이에 관해 다른 내용의 관습법이 존재하더라도 언제나 성문법이 우선적으로 적용되며, 단지 성문법이 존재하지 않거나 불완전한 경우에만 관습법이 보충적으로 적용된다는 것이다. 이를 **보충적 효력설**이라고 한다. 다른 하나는, 성문법과 관습법은 동등한 효력을 가지며, 동일한 사항에 관해 성문법과 관습법이 동시에 존재하는 경우에는 규범충돌을 해결하는 일반적인 원리에 따라 효력을 결정하여야 한다는 것이다. 즉, 관습법이 상위법 혹은 특별법 혹은 신법일 경우에는 하위법 혹은 일반법 혹은 구법인 성문법에 우선하여 적용되며, 따라서 이러한 범위에서 관습법이 성문법을 개정하거나 폐지하는 효력을 갖는다는 것이다. 이를 **개폐적(변경적) 효력설**이라고 한다. 일반적으로 학계에서는 보충적 효력설을 타당하다고 보아 왔다. 그러나 2004년 헌법재판소는 『신행정수도의 건설을 위한 특별조치법』의 위헌 여부를 확인하는 사건에서 헌법적 효력을 가지는 관습법(관습헌법)이 존재할 수 있음을 확인하였다.[5] 즉. 서울이 수도라는 사실은 관습헌법상 인정된 것이므로 법률이 상위법인 관습헌법을 위반해서는 안 되며, 국가의 정치·행정의 중추기능을 수행하는 국가의 수도를 이전하기 위해서는 헌법을 개정하여야 하므로 국민투표(제130조 제2항)로 헌법을 개정하지 아니한 행정수도 이전은 위헌이라는 것이다. 이와 같은 헌법재판소의 입장은 관습헌법을 성문헌법과 동일한 효력을 가지는 것으로 보았다. 이에 대해 헌법재판소가 관습헌법이라는 개념에 근거하여 국회의 입법을 무력화시킨다면 우리나라가 채택하고 있는 성문법체계는 물론 국민의 대의기관인 국회의 입법활동이 지나치게 제한 받을 수 있다는 비판이 제기되었다.

한편, 사회의 오랜 관행이 관습법으로 이어지고 국가의 성문법으로

5) 헌법재판소 2004. 10. 21. 2004헌마554

제정이 된 경우에도 현대사회에 이르러 구성원의 인식이 변화된 경우에는 법도 변화하지 않을 수 없다. 예를 들어, 종래 부계혈족 사이의 혼인을 피하던 전통에서 파생한 동성동본금혼제도는 남녀평등과 혼인의 자유를 침해할 우려가 있다고 인식되면서 2005년 민법 개정을 통하여 폐지되었다. 관습법은 형법 영역에서는 죄형법정주의의 원칙으로 인하여 법원이 될 수 없다. 그러나 민법은 제1조에서 "민사에 관하여 법률에 규정이 없으면 관습법에 의하고, 관습법이 없으면 조리에 의한다."라고 규정하고 있다. 상법은 제1조에서 "본법에 규정이 없으면 상관습법에 의하고, 상관습법이 없으면 민법의 규정에 의한다."라고 하여 관습법이라도 상관습법은 성문법인 민법보다 우선 적용된다는 것을 명시하고 있다.

② 판례법

판례법(case law)이란 구체적인 사건에서 법원의 판결에 적용된 법원리가 다음 사건에서 법관에 대하여 법적 구속력을 갖는 것을 말한다. 판례법은 법관의 판결을 기초로 성립한다는 점에서 사회적 관행을 기초로 성립하는 관습법과는 차이가 있다. 그리고 법원의 판결 자체가 판례법이 된다는 것이 아니라 재판에서 동일한 취지의 판결이 반복됨으로써 판례를 법의 연원으로서 인정할 수 있다는 의미이다. 원래 법관은 법을 선언하는 역할일 뿐이지만 선례가 구속력을 갖게 되면서 법 창조의 기능을 수행하게 되는 것이다.

이와 같이 판례법은 선행 사건의 판결이 후속하는 동일한 종류의 사건에 대하여 법적 구속력을 갖는다는 **선례구속(先例拘束)**의 원리를 전제로 성립한다. 이 원리는 영국 법원의 오랜 관행에 의해 성립된 것으로 판례의 통일성과 일관성을 확보하기 위한 것이다. 불문법주의인 영미법계 국가에서는 판례법이 중요한 법원이 된다. 그러나 우리나라와 같이 성문법주의를 채택하고 있는 대륙법계 국가에서 법관은 선례에 구속받지 않기 때문에 판례법은 법원이 될 수 없다. 다만 판례는 구체적인 사실에 대한 법적 판단이므로 같은 사건에서는 동일한 내용의 판결이 선고될 것이라는 예측이 가능하다는 점, 법원도 법적 안정성을 위해 특별한 사정이 없는 한 선례인 판례를 존중하며, 특히 하급심 법원은 대법원의 기존 판례를 재판의 준거로 삼는다는 점, 실제 판례가 성문법을 보충하는 작용이 적지 않다는 점 등을 고려해 볼 때 판례는 사실상 어느 정도 법적 구속력을 가진다고 볼 수 있다.

③ 조리

조리(條理)란 사회 구성원들이 일반적으로 합리적이라고 생각하는 법의 일반원칙을 말한다. 조리는 성문법과 관습법, 판례법이 존재하지 않는 경우에 최종적으로 적용되는 보충적인 법규범이다. 사회통념, 경험법칙, 공서양속 등으로 표현된다. 법원이 구체적인 사건에 적용할 법규가 없다는 이유로 재판을 거부할 수 없을 때 〈자기가 입법자라면 규정할 수 있는 원칙〉이 조리이다. 법관은 최종적으로 조리에 의하여 재판하여야 한다. 앞에서 본 바와 같이, 우리 민법 제1조는 민사에 관하여 법률에 규정이 없으면 관습법에 의하고 관습법이 없으면 조리에 의한다고 함으로써 조리의 법원성을 명문화하고 있다.

3. 법의 분류

(1) 공법과 사법

공법(公法)이란 수직적 권력관계를 기반으로 우월적 권리주체(국가)와 하위의 권리주체(국민) 간의 관계에 적용되는 법이다. 공법의 예로는 헌법, 『형법』, 『형사소송법』, 『민사소송법』, 각종 행정법규 등이 있다. **사법(私法)**이란 사인(私人) 상호간의 대등한 생활관계를 규율하는 법이다.

사법의 예로는 『민법』과 『상법』이 대표적이다. 사법 영역에서 사적자치(私的自治)는 기본원리로서 자리잡고 있다. 민법상 〈계약자유의 원칙〉 혹은 법률의 제한 하에서 이루어지는 〈유언의 자유〉도 사적 자치의 실현으로서 헌법이 인정하는 행복추구권 속에 함축된 일반적 행동자유권으로부터 파생된다. 한편, 자본가와 노동자의 관계와 같이 사인 간의 관계가 실질적으로는 대등한 관계가 아닌 경우에는 일정한 범위 내에서 사회적 약자를 보호하기 위한 공법적 규율이 가해질 필요가 있다. 이러한 법을 **사회법(社會法)**이라고 하고, 노동법, 사회보장법, 소비자보호법 등이 이에 속한다.

(2) 실체법과 절차법

실체법(實體法)은 절차법을 제외한 모든 법으로서 권리주체와 다른 권리주체 간 혹은 권리주체와 권리객체 간의 법률관계를 규율하는 법이다. 헌법, 민법, 형법 등이 이에 속한다. **절차법(節次法)**은 소송법이라고도 하며, 실체법이 규정하고 있는 권리를 실현하기 위한 법이다. 민사소송법, 형사소송법 등이 이에 속한다. 즉, 민법이 인정하고 있는 물권적 · 채권적 · 친족상속법적 권리를 실현하기 위한 절차법이 민사소송법이고, 형법이 규정한 범죄행위를 저지른 사람을 처벌하기 위한 절차법이 형사소송법이다.

참고문헌

박상기 외 12인, 법학개론, 박영사, 2010

홍성찬, 법학원론, 박영사, 2009

성정엽 외 5인, 법학입문, 형설출판사, 2008

제2장 사생활의 비밀과 자기결정권

1. 개설

제1장에서 법치주의(法治主義)는 국가 최고규범인 헌법의 기본원리 중 하나라는 것을 살펴보았다. 통치권력의 행사에 법적 근거와 한계를 설정함으로써 통치의 대상이 되는 국민의 자유와 권리를 보장하게 된다. 즉, 인권(人權)은 헌법에 수용되어 헌법적 효력을 가지는 권리인 **기본권(基本權)**으로 제도화되어 모든 국가권력을 구속한다. 헌법의 궁극적인 목적은 인권의 보호이며 이렇게 실정헌법에 규정된 기본권을 매개로 인권을 존중하는 실질적 법치주의가 가능하게 된다. 헌법국가(憲法國家)에서 보장하는 인권과 기본권은 최소한 자신의 문제에 대해서 자주적으로 결정할 수 있는 사적 자율성을 전제로 하고 있다. 이 장에서는 현재 다양한 분야에서 제기되고 있는 자율(自律), 사생활(私生活), 자기결정권(自己決定權)이라는 개념에 관하여 살펴보고자 한다.

다음 사례 중에서 '인권 침해'라고 생각되는 것은 무엇인가?

(1) 중대한 범죄를 수사하기 위하여 당사자의 동의 없이 개인의 전화를 감청(도청)한다.

(2) 17세 이상이 되는 모든 국민에게 주민등록증 발급신청시, 열 손가락의 지문날인을 강제한다.

(3) 시(市) 교육청과 교육과학기술부가 졸업생의 성명, 생년월일, 졸업일자 등 학력에 관한 정보를 졸업자의 동의 없이 교육정보시스템(NEIS)에 보유하고 있다.

(4) 공립중학교의 교칙에서 학생들의 머리를 일정 길이로 자를 것을 규정하고 있다.

(5) 극심한 고통을 겪고 있는 말기 암 환자가 '치사량의 주사제를 맞고 편히 죽고 싶다'는 의사를 표시하였으나 의사가 이를 거부한다.

(6) 환자가 의식불명이 되기 전에 '불필요한 연명치료를 거부한다.'라는 취지의 서면을 남겨서 그 가족이 환자의 생명연장장치를 제거해 달라고 요청하였으나 의사가 이를 거부한다.

불과 얼마 전만 하더라도 이러한 상황들을 '인권'의 문제로 인식하고 이의(異議)를 제기하는 경우는 그리 많지 않았다. 그러나 여기에는 중요한 헌법적인 문제가 포함되어 있다. 모든 사례가 '개인의 자율'과 깊은 관련성을 가진다는 공통점을 갖고 있다. '자기결정권'이라는 개념은 다양한 사인(私人)간의 관계를 변화시키고 있다. 의료분야에서 (의사의 권위적 충고보다는) 환자의 자기결정권이 강조되고, 복지서비스 영역에서도 (장애인을 분리, 수용, 보호의 대상으로 여겨 보호자의 의지에 의해 서비스를 결정하기보다는) 장애인 자신의 선택 및 주도적 참여를 중시하고 있다. '학생의 인권'이라는 말도 낯설지 않다. 자율·자기결정권은 현대를 살아가는 개인의 기본적 권리이자 떠오르는 법의 화두이다.

국가 차원에서 자율·자기결정권을 중시하는 사고는 최근에 비로소 등장한 것이 아니라 원래 근대사회의 기본이념이었다. 우리 헌법은 근대입헌주의헌법의 정통을 계승하고 있다. 현행 헌법 제10조는 '인간으로서의 존엄과 가치'를 언급하며 동시에 '행복을 추구할 권리'가 모든 국민에게 있음을 선언하고 있다. 이는 개인의 존중과 개인이 행복을 추구하는 자율적 활동을 기반으로 할 때 이상적인 사회통합의 분위기로 발전할 수 있다는 믿음 때문일 것이다. 이러한 의미에서 볼 때, 헌법이 보장하는 종교의 자유(제20조), 언론·출판의 자유(제21조) 등도 국가가 개입해서는 안 되는 국민의 자율적인 영역을 설정하고 있는 것으로 볼 수 있다.

한편, 현대사회의 급격한 변화는 이전의 인권 개념으로는 대응할 수 없는 다양한 문제를 양산하고 있다. 이를테면, ① 컴퓨터, 통신 등 정보기술의 진보가 가져온 개인영역의 침입[사례(1), (2)], ② 국민의 권리의식 향상으로 인하여 예전에 문제시되지 않았던 사항에 대한 이의 제기[사례(3), (4)], ③ 의료기술의 발전으로 인한 인간의 생사(生死)에 대한 인위적 개입[사례(5), (6)] 등이다.

이러한 문제 상황에 대응하여 〈사생활의 비밀〉과 〈자기결정권〉이라는 개념이 제창되었다. 이러한 인권은 헌법 제17조 **'사생활의 비밀과 자유'**, 그리고 제10조의 **'행복추구권'**을 근거로 주장되고 있다. 사생활의 비밀과 자유 및 행복추구권은 1980년 헌법(제8차 개헌)에서부터 규정되어 현행 헌법에 이르기까지 기본권으로서 보장되어 왔다. 헌법재판소는 행복추구권을 '일반적인 행동자유권'과 '인격의 자유로운 발현권'을 함축하고 있는 '일반적 자유권'으로 이해한다.[6] 적극적 자유(할 수 있는 자유)와 소극적 자유(하지 않을 수 있는 자유)를 포함하는 일반적 행동자유권에서 '계약의 자유'나 '유언의 자유'가 파생된다. 행복추구권은 '인간의 존엄과 가치'라는 헌법이념을 보장하기 위해 필수적으로 요청되는 내용이다.

그렇다면 인권의 보장은 절대적이고, 절대로 제한할 수 없는 것일까? 자연법사상의 영향을 받은 프랑스 인권선언(1789년)에서 '자유는 타인을 해하지 않는 모든 것을 할 수 있는 것이다'(제4조)라고 한 것처럼 '자유'와 '방종'은 다르다. 개인이 사회의 일원인 이상, 타인의 권리와 사회안전과 같은 다른 중요한 가치와의 조정이 이루어지지 않으면 안된다. 또

6) 헌법재판소 2003. 10. 30. 2002헌마518, 헌법재판소 1998. 10. 29. 97헌마345, 헌법재판소 1998. 5. 28. 96헌가5, 헌법재판소 1991. 6. 3. 89헌마204

자신에게만 관련된 사항일지라도 자기결정능력이 부족한 사람에 대해서는 본인 보호를 위하여 사회가 개입하는 것도 경우에 따라서는 허용된다(예: 행위 · 의사 무능력자 보호제도). 헌법 제37조 제2항에 의하면, "국민의 모든 자유와 권리는 국가안전보장 · 질서유지 또는 공공복리를 위하여 필요한 경우에 한하여 법률로써 제한할 수 있으며, 제한하는 경우에도 그 본질적인 내용은 침해할 수 없다."라고 규정하고 있다.

아래에서는 개인의 자율과 관련한 중요한 권리인 '사생활의 비밀과 자유' 및 '자기결정권'에 대하여 살펴보기로 한다.

2. 사생활의 비밀에 관한 권리

(1) '사생활의 비밀과 자유'의 의미

사생활, 즉 프라이버시(privacy)는 '떼어놓다, 격리시키다'라는 라틴어에서 유래하였다. 이 단어가 법적 용어로 처음 등장한 것은 19세기 말 미국에서이다. 대중매체가 개인의 사생활을 폭로하며 가십거리로 다루는 상황에 맞서서 '홀로 있을 수 있는 권리'(right to be let alone)로서 주장되었다. 사생활이 사회생활 또는 공적생활과 명확히 구별되기란 쉽지 않다. 헌법재판소는 흡연, 질병명, 전과기록 등은 사생활에 포함되지만 운전 중 좌석안전띠의 착용, 변호사업무와 관련된 수임건수 · 수임액 등은 사생활에 포함되지 않는다고 판시하였다. 즉, 사생활은 인격적 징표를 포함하지 않는다. 사생활에 속하는지 여부는 생활영역에 따라 이미 결정되어 있는 것이 아니라 해당 생활영역에 대해서 비밀성이 요구되는지 여부에 따라 결정된다. 사생활의 개념이 이미 그 안에 비밀성을 내포하고 있다. 헌법에 규정된 사생활의 '비밀'이라는 개념은 사생활의 특성을 재차 확인하는 강조에 지나지 않는다. 여기서 가장 중요한 기준은 공개 여부에 대한 본인의 의사(意思)이다. 사생활의 비밀과 자유는 '비밀이 요구되는 사생활 영역이 본인의 의사 없이 공개되지 않을 권리'로서 정의될 수 있다.

한편, 컴퓨터 네트워크를 통한 21세기 고도정보화사회가 진행되고 개인정보의 경제적 가치가 커지면서 개인정보의 수집과 이용이 사회 모든 영역에 걸쳐 보편화되고 있다. 최근 개인정보의 유출 · 오용 · 남용으로 인한 국민의 프라이버시 침해 사례가 지속적으로 발생하고 있다. 여기서 사생활의 비밀과 자유는 **'자기정보통제권'** 또는 **'개인정보자기결정권'**이라는 권리를 포함하게 되었다. 헌법재판소는 "헌법 제10조 제1문에서 도출되는 일반적 인격권 및 헌법 제17조의 사생활의 비밀과 자유에 의하여 보장되는 개인정보자기결정권은 자신에 관한 정보가 언제 누구에게 어느 범위까지 알려지고 또 이용되도록 할 것인지를 그 정보주체가 스스로 결정할 수 있는 권리"라고 정의하고 있다.[7]

헌법 조문 중에는 이미 사생활의 비밀과 자유에 관한 권리 일부를 보장하고 있는 기본권도 있다. 예를 들어, 주거의 비밀 보장을 위하여 압수나 수색에 대한 영장주의의 요청(제16조), 통신의 비밀에 관한 권리(제18조)가 그러하다. 이 외의 경우에 한해 헌법 제17조에 의한 사생활의 비밀에 관한 권리가 적용된다. 범죄수사를 위한 전화 감청(도청)[사례(1)]은 통신의 비밀과 관련된다. 현행 『통신비밀보호법』은 원칙적으로 공개되지 않은 타인과의 대화를 녹음 또는 청취하는 행위를 금지하지만, 전기통신의 감청(또는 우편물의 검열과 같은 통신제한조치)이 범죄수사 또는 국가안전보장을 위하여 보충적인 수단으로 이용될 수 있으며, 이 때에도 국민의 통신비밀에 대한 침해가 최소한에 그칠 것을 명시하고 있다(통신비밀보호법 제3조 제2항).

---

7) 헌법재판소 2005. 7. 21. 2003헌마282

(2) '사생활의 비밀과 자유'와 '표현의 자유'와의 관계

사생활의 비밀과 자유도 다른 사람의 기본권, 특히 표현(언론 · 출판)의 자유에서 도출되는 알 권리와의 관계에서 어느 정도 제약을 받을 수 있다. 두 기본권 사이에 '충돌'이 발생하였을 때 이를 조정하는 것은 매우 어렵다. 이 문제를 해결하는데 도움이 되는 개념이 공인(公人)과 공익(公益)이다. ① 대체적으로 공적 관심의 대상이 되는 정치인, 연예인, 운동선수 등 공인(公人)의 경우에는 사생활의 비밀과 자유가 제한되고, 표현의 자유가 우선시되는 경우가 많다(공인이론). ② 사인(私人)의 경우에는 공공의 이익에 우선하여 보호될 수 없다. 많은 논란이 있지만, 『아동 · 청소년의 성보호에 관한 법률』에서 아동과 청소년을 대상으로 한 성범죄자의 신상공개제도, 즉 아동 · 청소년 대상 성범죄자의 신상정보를 등록 · 공개 · 고지할 수 있는 제도는 '청소년의 성 보호'라는 공익적 목적을 달성하기 위하여 범죄인의 일반적 인격권과 사생활의 비밀과 자유 등을 크게 제한하고 있다. 그러나 소년보호사건의 경우에는 사건 당사자로 미루어 짐작이 될 수 있는 성명 · 연령 · 직업 · 용모 등에 대한 보도가 불가능하다(『소년법』 제68조).

(3) 자기정보통제권의 내용

사생활 중 개인정보의 공개에 관한 자율성이 충분히 보장되기 위해서는 공개는 물론, 수집 · 보관 · 이용 · 제공 등의 모든 단계에서 개인정보가 통제되지 않으면 안 된다. 그 전제로서 정보주체에게 공공기관 등이 가진 자기정보에 대하여 열람 · 정정 · 삭제청구권이 보장되어야 한다.

① 개인정보의 수집 : 개인정보의 수집은 원칙적으로 본인의 동의하에 이루어져야 한다.

② 개인정보의 보관 · 이용 : 공공기관 등은 개인정보를 수집 목적의

범위 내에서만 보관·이용할 수 있다. 목적 외의 용도로 활용되는 것은 허용되지 않는다.

③ 개인정보의 제공·공개 : 공공기관 등이 본인의 동의 없이 개인정보를 제3자에게 제공·공개하는 것은 허용되지 않는다.

④ 개인정보의 열람·정정·삭제 청구권 : 자기정보를 통제하기 위해서는 본인의 동의 없이 수집·공개 할 수 없을 뿐만 아니라, 어떠한 자기정보가 보관되고 있는지를 확인하기 위하여 열람을 청구할 권리, 보관된 정보에 오류가 있는 경우에는 정정을 요구할 수 있는 권리, 그리고 보관 목적이 달성된 경우에는 삭제를 요구할 수 있는 권리가 인정되지 않으면 안 된다.

학교가 학생에게 교외에서까지 이름표 착용을 강요하여 불특정 다수에게 이름이 공개되도록 해서는 안 된다. 교육감 등이 졸업생의 성명, 생년월일 및 졸업일자 등 학력에 관한 정보를 졸업자의 동의 없이 교육정보시스템(NEIS)에 보유하는 행위는 어떠한가[사례(3)]? 헌법재판소는 이 사안에서 정보주체의 개인정보자기결정권을 침해하지 않는다고 결정하였다.[8] 왜냐하면 성명, 생년월일, 졸업일자 등은 개인의 존엄과 인격권에 심대한 영향을 미칠 수 있는 민감한 정보라고 보기 어렵고, 본 시스템은 졸업증명서 발급업무에 관한 민원인의 편의 도모, 행정효율성의 제고를 위한 것으로서 그러한 목적 달성에 필요한 최소한의 정보만을 보유한 것이라고 판단하였기 때문이다.

한편, 주민등록이 된 17세 이상의 사람에게 주민등록증 발급신청시에 지문날인을 강제하는 제도[사례(2)]는 사생활의 비밀과 자유를 침해하는 것이 아닐까? 주민등록증에는 성명, 사진, 주민등록번호, 주소, 지문, 발행일, 주민등록기관이 기재된다(『주민등록법』 제24조 제2항). 성명, 주소 등은 타인에게 알리고 싶지 않은 정보가 아니기 때문에 그 수집 자체

8) 헌법재판소 2005. 7. 21. 2003헌마282

를 사생활의 침해라고 할 수는 없을 것이다. 반면, 개인별로 고유한 12자리 등록번호를 모든 국민에게 부여하는 방법에 관해서는 다소 논란이 있다. 주민의 거주관계 파악 등 국민의 편의 도모, 행정사무의 적정한 처리라는 입법목적을 감안했을 때(같은 법 제1조), 그 자체를 권리 침해라고 할 수는 없더라도 주민등록번호가 본인 확인이라는 목적 이외로 활용되거나 외부에 유출될 경우에는 제한 없이 정보가 활용될 위험성이 있으므로 신중하게 운용될 필요가 있다. 지문날인제도는 국가가 지문이라는 개인정보, 그것도 열 손가락의 지문정보의 공개를 강제할 뿐만 아니라 지문정보가 경찰에 제공되어 범죄수사 목적을 위해 이용되도록 하는 것이다. 실제 살인, 강도 등 범죄가 발생하면 지방경찰청 및 경찰서의 과학수사반(감식요원)이 현장에 출동하여 현장에 남겨진 지문을 채취함으로써 용의자의 신원을 파악하고 검거하게 된다. 그러나 주민등록법 제24조 제2항은 주민등록증발급기관이 주민등록증에 지문정보를 수록하는 것만 규정하고 있을 뿐 경찰청장이 지문정보를 수집 · 보관 · 전산화 · 이용할 수 있도록 하는 규정은 찾아볼 수 없다. 그럼에도 헌법재판소는 지문날인제도가 범죄예방과 신원확인이라는 공익목적의 실현을 위한 비례적인 수단이라고 판시하였다.[9] 국가에 의한 개인의 열 손가락 지문강제제도는 모든 국민을 감시하는 수단이라는 점에서 여전히 문제가 있다. 반면, 최근 국가인권위원회는 관공서나 회사에서 비용 절감과 편리한 복무 관리를 이유로 지문등록시스템을 도입해 지문을 찍도록 한 것에 대하여 인권 침해라며 대체수단을 마련하도록 권고한 바 있다. 본 위원회에 따르면 복무관리는 담당자의 지속적인 점검으로도 가능한 부분인데 반해, 수집되는 바이오정보는 정보주체의 생체정보로서 개별식별정보이자 민감한 정보이므로 출퇴근 확인을 위한 지문인식시스템의 도입은 개인정보자기결정권을 침해할 수 있고 수집의 위험성, 다른 개인정보와의 결합에 따른 오남용 가능성이 존

9) 헌법재판은 2005. 5. 26. 99헌마513

재할 수 있음을 지적한 바 있다.

(4) 『개인정보보호법』의 제정

국민의 사생활의 비밀을 보호하고 개인정보에 대한 자기통제권을 실현하도록 하기 위해서는 법률에 개인정보의 수집 · 이용 · 제공 · 파기에 이르는 각 단계별 보호기준을 마련하고 정보주체의 권리를 법률상 보장하는 것이 중요하다. 우리나라는 국가 주요업무에 대한 전산화가 확대되고 행정전산망이 전국적으로 구축되어 개인정보의 부당한 사용이나 무단유출로 인한 사생활 침해 등의 부작용이 우려되자, 1994년 『공공기관의 개인정보보호에 관한 법률』 을 제정하였다. 이 법은 공공기관(국가행정기관, 그 밖의 공공단체)만을 대상으로 하였고, 컴퓨터 등에 의해 처리되는 개인정보에 한정되었다. 그러나 현행 『개인정보보호법』 은 공공부문과 민간부문을 망라하는 기본법제로서 2011. 3월에 제정되어 2012. 3. 30.부터 전면적으로 시행되고 있다. 공공기관뿐만 아니라 비영리단체 등 업무상 개인정보파일을 운용하기 위하여 개인정보를 처리하는 자는 모두 이 법에 따른 개인정보 처리원칙을 준수하여야 한다. 이 법은 전자적으로 처리되는 개인정보 외에 수기문서까지도 보호범위에 포함시키고 있다. 개인정보처리자(공공기관, 법인, 단체, 개인)는 개인정보를 수집 · 이용하거나 제3자에게 제공할 경우에 정보주체의 동의를 얻어야 하고, 개인정보의 수집 · 이용 · 목적의 달성 등으로 불필요하게 된 때에는 지체 없이 개인정보를 파기하여야 한다(제15조 내지 제22조). 또한, 정보주체에게 개인정보의 열람청구권, 정정 · 삭제 청구권, 처리정지 요구권, 손해배상청구권 등을 부여하고 그 권리행사 방법을 규정하고 있으며(제35조 내지 제39조), 개인정보처리자가 개인정보 유출 사실을 인지하였을 경우 지체 없이 해당 정보주체에게 관련 사실을 통지하고 일정 규모 이상의 개인정보가 유출된 때에는 전문기관에 신고하도록 하는 한편, 피해의 최소화를 위한 필요한 조치들을 규정하고 있다(제34조). 그리고 일정한 의무 위반에 대해서는 행정처분(장관의 시정조치 등)이 이루어지며, 벌칙도 부과될 수 있다.

3. 자기결정권

(1) 자기결정권의 의미

자기결정권이란 개인이 자신의 사적인 사항에 대하여 국가 등 외부의 간섭 없이 스스로 자유롭게 결정할 수 있는 권리를 말한다. 현행 헌법에는 자기결정에 관한 명문 규정이 없다. 그러나 학설과 판례는 자기결정권을 인정하고 있다. 자기결정권의 근거로는 헌법 제10조의 인간의 존엄성과 행복추구권 양자를 들기도 하지만, 최근에는 같은 조 후단의 행복추구권에서 자기결정권이 파생된다고 보기도 한다. 지금까지 자기결정권은 ① 생명 · 신체의 처분에 대한 자기결정권(치료거부, 안락사 등), ② 성적 자기결정권(피임, 낙태, 인공보조생식, 결혼, 이혼 등), ③ 생활방식(life style)에 대한 자기결정권(복장 · 두발 · 흡연 · 음주 등)에 관하여 주로 논의되어 왔다.

개인은 타인에게 피해를 주지 않는 사적 영역에서 어떠한 결정을 하던 자유로워야 한다. 그런데 실제로는 많은 분야에서 본인의 의사에 반하지만 본인 자신에게 이익이 되기 때문에 규제가 허용되는 경우가 있다[사례(4)]. 최근 논란이 되고 있는 학생인권조례는 자기결정권의 자각과 관련이 깊다.

(2) 학칙과 학생의 자기결정권

학교의 장은 학교의 규칙인 학칙을 제정 또는 개정할 수 있다(『초

· 중등교육법』 제8조). 학칙에는 ① 교내 수업, 입학 등에 관한 사항(수업연한 · 학년 · 학기, 학급편제 및 학생정원, 교과 · 수업일수, 입학 · 편입학 · 졸업 등), ② 수업료 · 입학금 기타의 비용징수와 관련한 사항, ③ 두발 · 복장 등 용모에 관한 사항(강제 이발 및 여학생은 머리를 묶도록 하는 규정 등), ④ 사생활에 관한 규제(소지품 검사, 휴대폰 사용 등) 등 다양한 사항이 기재되어 있다(같은 법 시행령 제9조). 이 중 법적으로 문제될 수 있는 것은 학생의 학교생활에 관한 ③과 ④이다.

학생에게도 인권이 보장되는 것은 당연하다. 다만, 학생은 성인과 같은 성숙한 판단능력을 가지고 있지 않다고 보아 이를 보호하기 위한 **퍼터널리즘**(paternalism)에 의한 자기결정권의 제한이 종종 이루어지고 있다. 퍼터널리즘이란 '온정적 간섭주의', '가부장주의', '후견주의'로 번역되곤 한다. 어원적으로 자식의 이익을 부모가 더 잘 안다는 전제 하에 자식의 생활에 부모의 간섭이 정당화되는 것을 말한다. 이러한 관계는 교사와 학생, 의사와 환자, 국가와 국민의 관계에도 적용할 수 있다. 보호자로서의 개입 · 간섭은 간섭받는 자의 자율성에 대한 요구와 근본적으로 상충할 수밖에 없다.

종래 학생에 대한 인권 제약은 생활지도라는 명분 하에 당연하게 받아들여졌다. 그러나 학생이라고 하더라도 자율적 가치는 여전히 존중되어야 한다. 그들의 자율능력을 길러주기 위해서라도 말이다.

국가인권위원회는 2005. 7월, 학생의 두발자유는 기본권에 속하며 학생의 두발제한과 단속은 교육목적상 필요한 최소한에 그쳐야 함을 표명하였다. 각 학교장에 대하여 '강제이발 재발방지'와 '학생의견을 실질적으로 반영한 두발규정 개정'을 권고하였다. 국가인권위원회는 학생의 두발자유는 개성의 자유로운 발현권이나 자기결정권, 사생활의 자유 등 헌법에서 보장하고 있는 기본적 권리로서 인정되어야 하며, 학생의 의견이 반영되지 않은 두발제한 규정을 근거로 학생들의 두발을 일률적이고 획

일적으로 규제하는 것은 헌법 및 아동권리협약에 부합하지 않다고 지적하였다. 최근 경기도 교육청의 학생인권조례를 시작으로 서울과 광주 교육청이 학생인권조례를 공포하였다. 2012. 1. 26. 공포된 「서울특별시 학생인권 조례」에는 차별받지 않을 권리, 폭력으로부터 자유로울 권리, 집회의 자유 등과 함께 복장·두발 등 용모에 있어서 자신의 개성을 실현할 권리를 명시하고 있다. [사례(4)]와 같이 학생의 의사에 반하여 두발을 규제해서는 안 된다. 전체 학생들의 의견을 수렴하여 교칙을 개정하는 것이 바람직하다. 학생인권조례에는 이러한 내용 외에도 사생활의 자유와 관련한 소지품 검사 금지, 휴대폰 사용 허용, 개인정보(교우관계, 성적, 병력, 징계기록, 교육비 미납사실, 상담기록, 성적지향 등) 보호 등이 규정되어 있다. 조례보다 상위 규정인 『초·중등교육법』에 의하더라도 학생의 두발·복장 등 용모에 관해서는 학칙에 기재되어야 하며, 학칙을 제·개정할 때에는 미리 학생, 학부모, 교원의 의견을 들어야 한다고 명시하고 있다(같은 법 시행령 제9조).

(3) 생사(生死)를 둘러싼 자기결정권

보건의료기본법의 기본이념은 "보건의료를 통하여 모든 국민이 인간으로서의 존엄과 가치를 가지며 행복을 추구할 수 있도록"하는 것이다(제2조). 의료기술의 발전은 인류에게 건강과 행복을 안겨 주었다. 반면, '스파게티 증후군'이라는 새로운 고민거리도 던져주었다. 인공호흡기, 영양공급장치 등의 생명유지장치로부터 나온 수많은 관(tube)에 연결되어 생명을 연장하고 있는 환자의 모습은 '과연 생명의 존중이 개인의 존엄을 뜻하는 것일까'라는 의문을 들게 한다. 이러한 사정을 배경으로 스스로의 존엄을 지키기 위해 자신의 신체를 통제하고 자신의 운명은 자신이 결정하는 궁극의 자기결정으로서 안락사나 존엄사가 주장되고 있다.

안락사란 고통을 완화하기 위해 생명을 의도적으로 끊는 것이다. 이에는 ① 고통완화조치(모르핀 등 진정제 다량 사용)의 부작용으로 생명이 단축되는 '간접적 안락사', ② 치료를 하지 않는 것(수혈거부 등)에 의해 생명을 단축시키는 '소극적 안락사', ③ 극심한 통증에 고통스러워하는 환자를 편안하게 하기 위한 적극적 수단(치사량의 염화칼륨 주사 등)에 의해 생명을 단축시키는 '적극적 안락사'[사례(5)]와 같은 유형이 있다. 치료의 부수효과로서 간접적으로 생명단축의 효과가 발생하는 ①의 경우에는 형법상 안락사의 문제가 생기지 않는다. 안락사는 ②와 ③의 경우와 같이 의사의 치료행위가 직접적으로 환자의 사망시기를 앞당기는 경우에만 문제시된다(직접적 안락사).

한편, 치료를 하지 않는 소극적 수단에 의한 점에서 소극적 안락사와 비슷한 **존엄사(자연사, 연명치료의 중단)**가 있다. 그러나 이것은 소극적 안락사와 같이 사망시기를 앞당기기 위한 목적이 아니다. 환자의 회복이 불가능한 경우에는 인공호흡기 등에 연결되어 인위적으로 연명하지 않고 자연스러운 죽음을 맞이하도록 하는 것이다[사례(6)]. 따라서 의학적 치료가 필요한 시점인데도 고통 때문에 치료를 중단하여 인위적인 죽음을 맞이하도록 하는 소극적 안락사와는 구별된다.

안락사나 존엄사를 자기결정권의 행사로서 인정할 수 있을까? 안락사는 환자의 자기결정권을 존중하여 사기(死期)를 의도적으로 단축시키는 것이므로 살인죄(형법 제250조)나 촉탁 · 승낙에 의한 살인죄(같은 법 제252조)가 성립할 가능성이 있다. 세계적으로 볼 때도 안락사를 법으로 허용하고 있는 국가는 많지 않다. 단, 의사로부터 받은 치사량의 약물을 스스로 복용해서 생명을 끊는 '자살 방조형 안락사', 이른바 의사조력자살은 미국 오리건 주(州) 등에 입법화되어 있다. 이에 반해 존엄사는 과도한 연명치료에 의해 사기가 연장되는 것을 거부하는 것으로 생명을 단축시키는 것이 아니기 때문에 인정되기가 쉽다. 실제로 존엄사에 관한 입법은 대만, 미국, 프랑스 등 여러 나라에 존재한다.

우리나라에서 안락사나 존엄사에 관한 법은 아직 없다. 그러나 존엄사에 관한 첫 대법원 판결이 2009. 5. 21.에 선고되었다.[10] 무의미한 연명치료를 중단해 달라는 환자 가족의 요구에 대하여 병원측이 생명보호의무를 이유로 치료중단을 거부한 사건이었다. '존엄사 김할머니 사건'으로 명명되는 이 사건에서 법원은 환자의 자기결정권을 근거로 일정 요건을 명확히 한 경우에는 무의미한 연명치료를 중단할 수 있다고 판시하였다. 중요한 두 가지 요건은 ① 객관적으로는 환자의 상태가 회복 불가능한 사망의 단계에 진입하였고, ② 주관적으로는 환자의 진지하고 합리적인 치료중단 의사(意思)가 존재하여야 한다는 것이다. 김할머니 사건에서는 자기결정권 행사와 관련한 환자의 의사 확보가 문제되었다. 환자가 의식이 있을 때 표시해 둔 생전의사(living will)와 같은 **사전의료지시(advanced directives)**가 없는 상태에서 환자가 회복 불가능한 사망의 단계에 진입을 경우에는 환자의 의식회복 가능성이 없으므로 환자의 자기결정권 행사를 기대할 수 없기 때문이다. 그래서 판결의 주요 쟁점은 '환자의 〈추정적 의사〉를 인정할 수 있는가'라는 점이었다. 법원은 평소 가치관이나 신념 등 환자의 의사를 확인할 수 있는 객관적인 자료가 있는 경우에는 이를 참고하여 환자의 의사를 추정할 수 있다고 판단하였다.

자기결정권은 일정한 경우에는 '죽음을 맞을 방법에 대한 선택권' 을 인정한다고 할 수 있지만, '죽음, 그 자체를 선택할 권리(죽을 권리)'를 인정하는 것은 아니다. 안락사 논의가 육체적 고통을 전제할 뿐 '정신적 고통'을 제외하고 있는 것은 이러한 주관적인 조건을 포함할 경우 자살의 용인으로 이어지고 생명 경시의 위험한 길로 발전할 수 있다는 염려 때문일 것이다. 자기결정권의 근저에는 '살아있는 것이 훌륭하다'라는 대전제가 깔려 있음을 잊어서는 안 된다.

---

10) 대법원 2009. 5. 21. 2009다17417

참고문헌

이준일, 헌법학강의, 홍문사, 2011

권영성, 헌법학원론, 법문사, 2010

제3장 계약과 소비자보호

1. 사적자치의 원칙

〈자유민주적 기본질서〉(헌법 「전문」)라는 헌법이념은 헌법의 개별규정들을 거쳐 민법의 최고원리인 〈사적자치의 원칙〉으로 이어지고 있다. 여기서 말하는 헌법의 개별규정들이란 일반적 행동자유권을 내포하는 행복추구권에 관한 헌법 제10조, 그리고 "대한민국의 경제질서는 개인과 기업의 경제상의 자유와 창의를 존중함을 기본으로 한다."라고 하여 시장경제질서에 입각한 헌법 제119조 제1항 등을 의미한다. 이 책 제2장에서 헌법 제10조가 인간의 존엄을 최고의 가치로 두고, 각 개인은 행복을 추구할 권리를 가진다고 선언하고 있음을 보았다. 모든 국민은 자신의 인간성을 자신의 의사대로 전개·형성할 수 있는 자유, 즉 〈일반적인 행동의 자유〉를 가진다. 앞서 언급한 바와 같이, 이러한 사고가 민법에 투영된 것이 사적자치의 원칙이다.

사적자치(私的自治)의 원칙이라 함은 각자 자기의 법률관계를 자기의 의사에 따라 자주적으로 처리할 수 있고, 국가는 여기에 직접적으로 개입하거나 간섭해서는 안 된다는 원칙이다. 물론 한계는 있다. 사적자치는 법질서가 허용하는 범위 내에서만 인정된다. 민법의 테두리 내에서 개인은 자기의 법률관계를 자기의 의사에 따라 스스로 결정(자기결정)할 수 있고, 그 결과에 대해 책임을 진다(자기책임). 제2장에서 본 헌법상 자기결정권은 민법의 사적자치의 원칙과 맥을 같이 하고 있다.

사적자치의 원칙으로부터 〈근대 민법의 3가지 기본원칙〉이라고 하는 계약자유의 원칙, 소유권 존중의 원칙, 과실책임의 원칙이 도출된다. 그 밖에 혼인과 양성평등도 사적자치의 원칙으로부터 도출된다(제5장 「혼인과 가족」 참고). 사적자치의 원칙은 계약자유의 원칙과 동의어로 사용될 만큼 계약법에서 두드러진 모습을 보이고 있다. 민법 총칙편에 규정된 제105조는 “법률행위의 당사자가 법령 중의 선량한 풍속 기타 사회질서에 관계없는 규정과 다른 의사표시를 한 때에는 그 의사에 의한다.”라고 하여 계약자유의 원칙을 언급하고 있다. 계약자유의 원칙이란 계약을 체결할 것인가의 여부, 체결한다면 어떠한 내용으로, 어떠한 상대방과, 어떠한 방식으로 계약을 체결할 것인가를 당사자 자신이 자기의사로 결정하는 적극적 자유뿐만 아니라, 원치 않으면 계약을 체결하지 않을 소극적 자유를 말한다. 개인의 자유와 평등을 이상으로 출발한 근대 민법은 이러한 3가지 기본원칙에 힘입어 자본주의경제를 크게 발달시켰다.

그런데 20세기 이후부터 심한 빈부 격차 등 자본주의경제의 폐단이 초래되기 시작하였다. 실제의 인간은 근대법이 상정한 것처럼 자유롭고 평등한 존재가 아니며, 사용자와 근로자, 임대인과 임차인, 제조자와 소비자 등과 같이 경제적·사회적으로 불평등한 관계가 존재함을 인식하게 되었다. 현대 민법은 이러한 문제를 시정하고자 공공복리라는 제2의 이념을 추가로 도입하였다. 신의성실이나 공서양속, 권리남용금지, 거래안전 등은 이러한 이념이 반영된 것이다. 우리 헌법이 정치적 민주주의를 채택하면서도 사회적 시장경제질서를 지향하고 있는 것도 그러한 이유에서이다. 헌법 제119조 제2항에 의하면 국가는 헌법적 법익, 즉 균형 있는 국민경제의 성장·안정과 적정한 소득분배의 유지, 시장지배와 경제력남용의 방지, 경제주체간의 조화를 통한 경제의 민주화를 위하여 경제에 관한 규제와 조정을 할 수 있음을 선언하고 있다. 민법의 최고원리인 사적자치는 부득이 수정될 수밖에 없다. 우리 민법에는 경제적 약자를 보호하기 위한 규정(반사회적 · 불공정한 법률행위를 무효로 하는 민법 제103조 및 제104조, 임차인 보호규정인 제652조 등)을 일부 두고 있으나 다소 미흡하여 민법 바깥에서 법을 만들어 보완하고 있는 분위기이다(『근로기준법』, 『주택임대차보호법』, 『약관의규제등에관한법률』, 『할부거래에관한법률』 등). 최근에는 인터넷을 통한 전자상거래 등 다양한 계약방식까지 등장하면서 소비자피해에 대한 구제방안이 사회적 이슈가 되고 있다.

2. 계약법상의 원칙

(1) 행위능력

민법은 모든 사람(자연인)에게 권리와 의무의 주체가 될 수 있는 권리능력을 부여한다. 그러나 판단능력이 부족하여 단독으로 법률행위를 했다가는 자칫 손해를 입을 염려가 있는 자에게는 행위능력을 부인한다. 행위능력이란 독자적으로 법률행위를 유효하게 할 수 있는 능력을 말한다. 행위능력이 없는 자(행위무능력자)가 단독으로 한 법률행위는 **취소**할 수 있다. 따라서 의사능력이 있었는지 여부는 묻지 않는다. 행위능력제도는 행위무능력자를 보호하기 위한 제도이면서 동시에 거래의 안전을 도모하기 위한 제도이다. 객관적 · 획일적 기준에 의하여 무능력자를 구별할 수 있다면 거래의 상대방은 의사능력 유무에 따라 거래행위의 효력이 달라지던 거래의 불안정성에서 벗어날 수 있기 때문이다.

현행 민법은 연령에 의하여 일률적으로 결정되는 미성년자와 일정한 요건이 갖추어지면 법원의 선고에 의하여 비로소 무능력자가 되는 한정치산자와 금치산자를 행위무능력자로 규정하고 있다. 이 중에서 한정치산자란 정신적 판단능력이 불충분한 심신박약자 또는 재산의 낭비로 인하여 자기나 가족의 생활을 궁박하게 할 염려가 있는 낭비자로서 한정치산선고를 받은 자를 말하고, 금치산자라 함은 천치나 고도의 정신병자와 같이 통상적으로 의사능력이 결여된 자로서 금치산선고를 받은 자를 말한다. 미성년자와 한정치산자가 계약을 하려면 원칙적으로 법정대리인의 동의를 얻어야 한다. 그러나 금치산자의 경우는 후견인이 동의한 계약이라도 취소할 수 있다. 단, 후견인이 추인하면 유효로 된다.

최근 민법 개정으로 인해 2013. 7월부터는 무능력자제도가 제한능력자제도로 변경되고, 성년 연령이 만 20세에서 19세로 낮아지며, 한정치산·금치산 제도는 폐지되고 피후견인의 자기결정권이 강화된 〈성년후견제도〉가 시행될 예정이다.

(2) 청약과 승낙

계약은 원칙적으로 당사자들의 의사표시의 합치, 즉 합의에 의하여 성립하며, 합의는 보통 **청약**과 **승낙**으로 성립한다. 청약은 하나의 의사표시이고, 승낙이라는 다른 의사표시와 결합하여 비로소 계약이라는 법률행위를 성립시킨다. 청약은 상대방 있는 의사표시이지만, 그 상대방은 특정인이 아니더라도 상관이 없다. 자동판매기의 설치와 같이 불특정 다수인에 대한 것도 유효하다. 이 때에는 장래 계약의 당사자로 될 수 있는 자에 대해서만 청약의 효력을 가진다. 반면에 타인으로 하여금 자기에게 청약을 하게 하려는 행위는 〈**청약의 유인**〉이라고 하여 청약과 구분된다. 구인광고, 물품판매광고, 상품목록의 배부, 기차시간표의 게시 등은 청약의 유인이지 청약이 아니다. 청약의 유인에 의하여 상대방이 의사표시를 하면 그 의사표시가 청약이 된다. 청약이 상대방에게 도달하면 청약자는 이를 마음대로 철회하지 못한다(민법 제527조). 이를 **청약의 구속력**이라고 한다.

특정 청약에 대해 상대방이 승낙하면 계약이 성립한다. 청약의 유인이 있었던 경우에는 상대방이 의사표시, 즉 청약을 하고 유인한 자가 승낙의 의사표시를 할 때 계약이 성립한다. 가령 착오가 있었다고 하더라도 착오에 기한 의사표시도 일단 유효하므로 두 의사표시의 내용이 합치되면 계약은 성립한다. 그러나 중대한 과실에 기하지 않고 계약 내용의 중요부분에 착오가 있었다면 표의자가 그 의사표시를 취소할 수 있으며(제109조) 청약 또는 승낙이 취소되면 계약은 소급적으로 무효가 된다.

여기서 철회와 취소의 개념은 구분되어야 한다. **철회**는 계약의 효력이 발생하기 전에 그 발생을 저지하는 것이라면, **취소**는 이미 발생하고 있는 계약의 효력을 소급적으로 소멸시키는 것이다.

(3) 사기 · 강박에 의한 의사표시

계약이 유효하기 위해서는 자신의 의사와 표시가 일치하여야 하고, 의사표시과정에 하자가 있어서는 안 된다. 〈하자 있는 의사표시〉라 함은 의사의 형성 및 표시가 사기나 강박에 의해 이루어진 것을 말한다. 타인의 위법한 간섭에 기하여 이루어진 의사표시는 표의자의 자기결정에 기한 것으로 볼 수 없으므로 의사표시를 한 자는 이를 취소할 수 있다(민법 제110조). 최근 방문판매, 통신판매, 가두판매 등 상설 영업소가 아닌 곳에서의 판매가 증가함에 따라 하자 있는 의사표시로 인한 소비자의 취소권은 소비자가 피해를 입은 경우에 대항할 수 있는 유용한 수단이 될 수 있다.

(4) 하자담보책임과 채무불이행책임

구매한 물건에 흠결 또는 하자가 있는 경우에 민법은 매도인에게 무거운 책임을 지우고 매수인을 보호한다. 이를 〈매도인의 하자담보책임〉이라고 한다(민법 제580조). 일반적으로 매수인은 매도인에게 하자 없는 물건을 청구하거나 손해배상을 청구할 수 있고, 물건의 하자로 인해 계약의 목적을 달성할 수 없는 경우에 한하여 계약을 해제할 수 있다. 단, 매수인이 하자를 안 날로부터 6개월 내에 행사하여야 한다(제582조). 하자담보책임에 기한 손해배상은 대금감액에 해당한다. 하자담보책임은 계약관계를 유지하면서 매도인과 매수인 간의 이해충돌을 신속하게 청산하기 위한 것이다. 하자담보책임은 '채무의 내용에 좇은 이행을 하지 아니한' 것에 대한 채무불이행책임(제390조)의 특별규정으로 이해하면 된다.[11] 채무불이행의 유형으로는 이행지체, 이행불능, 불완전이행이 있다. 채무자가 채무를 이행하지 않을 때 채권자는 본래의 급부를 요구하는 것 외에도 채무불이행에 따른 손해를 금전으로 배상받을 수 있고, 혹은 계약을 해제하여 원상으로 돌릴 수도 있다. 채무불이행책임은 하자담보책임과 달리 채무자의 고의·과실을 요건으로 한다(채무불이행책임과 불법행위책임의 관계에 관해서는 제4장 「불법행위와 손해배상」 참고).

(5) 강행규정과 사회질서 준수

계약은 당사자간에 권리·의무관계인 채권·채무관계를 발생시킨다. 그런데, 계약의 내용이 강행규정을 위반하거나 선량한 풍속 기타 사회질서를 위반한다면 그 계약은 **무효**이다. 강행규정이란 법령 중의 선량한 풍속 기타 사회질서에 관계있는 규정으로서 당사자의 의사에 의해 그 적용을 배제할 수 없는 규정을 말한다(반면, 그 적용을 배제할 수 있는 규정을 임의규정이라고 한다)(민법 제105조). 계약은 강행규정을 위반해서도 안 되지만, 그 시대 그 사회의 기초적 윤리규범에 반해서도 안 된다(제103조, 이른바 공서양속 규정). 공서양속 규정은 도덕의 일부가 법의 영역에 들어 온 것으로서 그 판단은 사회의 건전한 도덕관념을 기준으로 한다. 예를 들어, 살인과 같은 범죄행위를 내용으로 하는 계약은 무효이다. 또 도박자금을 제공할 목적으로 이루어진 금전대여행위도 무효이다. 그 외에도

11) 대법원 1995. 6. 30. 94다23920

불륜관계를 유지하기 위한 합의, 과도한 위약벌의 약정도 사회질서에 반하므로 무효이다. 약자적 지위에 있는 자의 궁박, 경솔, 무경험을 이용하여 폭리를 취하는 것도 무효이다(제104조). 그리고 그 계약에 기한 급부는 법률상 원인 없는 것으로서 **부당이득**이 된다. 원래 부당이득이 성립하면 수익자는 그 이익을 반환하여야 하나(제741조), 공서양속에 반하는 등 불법원인으로 인해 재산을 급여한 자는 그 이득의 반환을 청구하지 못 한다(제746조). 불법원인급여의 반환청구를 금지하는 것은 사회적 타당성 없는 행위에 대하여 법적 보호를 거절하고, 공서양속에 어긋나는 행위를 제재한다는 의미를 가진다.

아래에서는 도박자금과 관련한 제1심법원의 판결문을 살펴보기로 한다(법원의 판결절차에 관해서는 제6장 「민사소송과 조정제도」 참고). 채권자(원고)가 채무자(피고)에게 빌려간 돈을 돌려 달라고 하자, 채무자는 돈을 빌린 것은 사실이지만 도박을 하면서 도박자금으로 빌린 것이므로 불법원인급여에 해당하여 반환할 수 없다고 주장하고 있다. 법원의 판단은 어떠한가?

[판결문] 도박 목적으로 제공된 차용금의 반환 여부

제 주 지 방 법 원

판 결

사 건 2005가단11588 대여금
원 고 한○○
소송대리인 변호사 ○○○
피 고 이○○
소송대리인 변호사 ○○○
변론종결 2006. 7. 18.
판결선고 2006. 8. 8.

주 문

1. 원고의 청구를 기각한다.
2. 소송비용은 원고가 부담한다.

청구취지

피고는 원고에게 30,500,000원과 이에 대하여 이 사건 청구취지 원인 변경 신청서 부본 송달 다음날부터 다 갚는 날까지 연 20%의 비율로 계산한 돈을 지급하라.

이 유

1. 당사자들의 주장

원고는 피고에게 ① 1998. 7. 초순경 500만원, ② 1998. 7. 10.경 300만원, ③ 1998. 8. 초순경 4회에 걸쳐 2,050만원, ④ 1998. 8. 중순경 200만원 합계 3,050만원을 대여하였다고 주장하고, 피고는 1998. 7. 6.경 원고로부터 2,050만원을 차용한 적은 있으나 이는 도박을 하던 도중에 도박자금으로 빌린 것이므로 불법의 원인에 의한 재산의 급여로서 그 반환을 청구하는 원고의 주장이 부당하다고 다툰다.

2. 판 단

가. 먼저 원고가 1998. 8. 중순경 200만원을 대여하였다는 주장(위

④번)은 이를 인정할 아무런 증거가 없다.

나. 원고의 나머지 주장에 대하여 본다.

갑1호증의 기재와 변론 전체의 취지에 의하니, 원고가 1998. 7.경 피고에게 합계 2,850만원(=800만원+2,050만원)을 대여한 사실을 인정할 수 있다.

그러나, 을1, 2호증의 각 기재, 증인 ...의 증언, 피고 본인신문결과에 변론 전체의 취지를 보태니, 피고는 1998.7. 5.경부터 1998. 7. 6.까지 ..., ..., ○○○ 등과 함께 원고의 집에서 '도리짓고땡 '이라는 도박을 하다가 7. 6. 23:30경 경찰에 적발되었고 위 ... 등 3인이 각 벌금 50만원을 선고받았으나 원고나 피고가 기소되지는 아니한 사실, 피고가 원고에게 교부한 차용증 또는 영수증(갑1호증)은 담배포장지를 찢어서 만든 메모지에 작성된 것이고, 그 내용은 ① "15일까지 정리함, 총 팔백만원을 영수함, 98. 7. 15. 변제, 차용인 ..." 이라고 적고 서명하였고, 하나의 종이에 이어서 ② "9일까지, 목걸이 포함, 이천오십만원을 영수함, 차용인 ..." 으로 기재되어 있어 통상의 차용증과 달리 아주 간략히 기재되어 있는 사실, 피고 외에 ...도 같은 날 같은 도박 현장에서 원고에게 도박자금으로 돈을 빌리고 담배포장지에 차용증을 작성하여 주었다고 증언하고 있는 사실, 담배포장지에 차용증 또는 영수증을 그것도 2회씩이나 또는 2사람으로부터 교부받은 것은 매우 이례적인 일임에도 원고가 이에 대해 피고와 ...가 주는 대로 받았다고만 할 뿐 뚜렷한 이유를 설명하지 못하고 있는 사실을 인정할 수 있고 달리 반증이 없는 바, 이러한 사실들을 종합하여 보면 원고가 1998. 7. 6.경 피고에게 도박자금으로 사용하라고 합계 2,850만원을 빌려주고 이에 대한 차용증 또는 영수증으로 갑1호증을 교부받은 것임을 인정할 수 있다.

<u>그런데 도박 목적으로 제공된 차용금은 불법 원인으로 제공된 급여에 해당하여 그 급여가 소비대차로 이뤄졌다고 하더라도 이에 대한 반환을 청구할 수 없으므로, 위와 같이 원고가 피고에게 도박자금으로 대여한 사실이 인정된 이상 원고의 이 사건 청구는 불법원인급여의 반환청구에 해당하여 받아들일 수 없다.</u>

3. 결 론

그러므로 원고의 이 사건 청구는 이유없어 이를 기각한다.

판 사 ○ ○ ○

3. 소비자의 권리 보호

(1) 소비자보호법제

① 소비자기본법(구 소비자보호법)

소비자보호가 사회문제화 되기 시작한 것은 1970년대 고도의 경제성장기를 맞이하면서부터이다. 민법은 손해가 발생한 후에 소비자의 피해를 구제하는 법이므로 한계가 있었다. 소비자들은 문제가 발생하기 전에 소비자에게 불이익하게 작용하는 기업 활동을 사전에 규제할 행정법적 규율이 필요하였다. 대량생산, 대량유통, 대량소비 시대에 적합한 소비자보호의 기본 틀을 마련하고자 1980년 『**소비자보호법**』이 제정되었다. 1987년에는 소비자보호사업의 전담추진체로서 특수공익법인인 한국소비자보호원이 설립되었다. 초기 소비자보호법은 국가와 지방자치단체가 소비자보호를 위한 시책을 수립하고 실시하여야 함을 선언하고 있을 뿐 소비자를 독립된 권리주체로서는 인정하지 않았다.

그러나 최근 들어 기업비리가 증가하고 소비자불만이 급증함에 따라 소비자정책은 종래 소비자보호차원에서 소비자주권을 강화하는 방향으로 수정될 필요가 생겼다. 이에 소비자보호법은 2006. 9. 27. 개정되면서 법제명을 『**소비자기본법**』으로, 한국소비자보호원의 명칭도〈한국소비자원〉으로 변경하였다. 이 법에 명시된 법의 목적도 소비자보호에서 시장경제주체로서의 소비자권익 증진으로 변경되었다. 기본법이라는 법률의 성질상 이 법은 소비자의 권익을 증진하기 위하여 소비자의 권리[12]와 책무[13],

---

12) 소비자기본법 제4조에 의하면, 소비자는 다음의 8가지 기본적 권리를 가진다. ① 물품 또는 용역(이하 “물품 등”이라 함)으로 인한 생명·신체 또는 재산에 대한 위해로부터 보호받을 권리, ② 물품 등을 선택함에 있어서 필요한 지식 및 정보를 제공받을 권리, ③ 물품 등을 사용함에 있어서 거래상대방·구입장소·가격 및 거래조건 등을 자유로이 선택할 권리, ④ 소비생활에 영향을 주는 국가 및 지방

국가 · 지방자치단체 및 사업자의 책무, 소비자단체의 역할 및 자유시장경제에서 소비자와 사업자 사이의 관계를 규정하고 있다. 한국소비자원 안에 소비자안전시책을 지원하기 위한 소비자안전센터와 소비자분쟁을 해결하기 위한 소비자분쟁조정위원회를 둘 것을 규정하고 있다. 소비자는 독립된 권리주체이며 권리주체의 독립을 지원하는 것이 소비자정책 추진의 기본임을 밝히고 있다. 소비자의 지위가 단순한 보호대상에서 권리를 향유하는 주체로 변경되었다는데 큰 의의가 있다. 소비자기본법은 〈소비자에게 제공한 물품 등에 소비자의 생명·신체 또는 재산에 위해를 끼치거나 끼칠 우려가 있는 제조 · 설계 또는 표시 등의 중대한 결함이 있는 경우〉 사업자가 물품 등의 위해성을 알리고 해당 물품 등을 수거 · 파기 · 수리 · 교환 · 환급하는 등의 적절한 조치를 취하도록 하는 **소비자안전조치**, 즉 **리콜**(Recall)을 규정하고 있다(제47조 내지 제50조). 리콜은 위해요인을 제거하여 소비자 피해를 사전에 예방하는 것을 목적으로 하므로, 소비자 피해가 발생한 후 개별 손해에 대한 배상을 목적으로 하는 〈제조물책임제도〉와는 차이가 있다(제조물책임에 관해서는 제4장 「불법행위와 손해배상」 참고).

더 나아가 소비자기본법은 **소비자단체소송제도**를 도입하고 있다. 일정한 요건을 갖춘 소비자단체가 소비자를 대신해서 소비자의 생명 · 신체

자치단체의 정책과 사업자의 사업활동 등에 대하여 의견을 반영시킬 권리, ⑤ 물품 등의 사용으로 인하여 입은 피해에 대하여 신속 · 공정한 절차에 따라 적절한 보상을 받을 권리, ⑥ 합리적인 소비생활을 위하여 필요한 교육을 받을 권리, ⑦ 소비자 스스로의 권익을 증진하기 위하여 단체를 조직하고 이를 통하여 활동할 수 있는 권리, ⑧ 안전하고 쾌적한 소비생활 환경에서 소비할 권리

13) 소비자기본법 제5조에 의하면, "① 소비자는 사업자와 더불어 자유시장경제를 구성하는 주체임을 인식하여 물품 등을 올바르게 선택하고 소비자의 기본적 권리를 정당하게 행사하여야 한다. ② 소비자는 스스로의 권익을 증진하기 위하여 필요한 지식과 정보를 습득하도록 노력하여야 한다. ③ 소비자는 자주적이고 합리적인 행동과 자원절약적이고 환경친화적인 소비생활을 함으로써 소비생활의 향상과 국민경제의 발전에 적극적인 역할을 다하여야 한다."라고 규정하고 있다.

· 재산 등 소비자의 권익을 침해하는 사업자의 위법행위에 대하여 법원에 금지 · 중지 청구를 할 수 있다. 저질수입상품 등에 따른 소비자 안전위해, 악덕상술 · 과장광고 등 불공정거래행위로 인한 소비자 권익침해행위의 방지, 소 제기를 우려한 사업자의 자발적인 위법행위의 중지, 제품의 품질 및 안전성의 향상과 제품결함의 사후시정 등이 활성화되도록 하기 위한 제도이다. 그러나 소비자단체소송은 소비자권익침해행위를 중지시켜 달라고 청구하는 것일 뿐 개별 피해자의 피해를 배상하여 달라고 소송하는 것은 아니다. 실제로 피해를 입은 소비자는 여전히 현행 사법체제에 의존하여 자신이 직접 손해배상을 청구하여야 한다. 소비자 문제의 특징은 비록 다수가 피해를 입지만 개인별 피해액은 적기 때문에 피해를 입은 소비자로서는 소송을 해도 실익이 거의 없다고 판단하여 피해배상을 포기하게 되고, 사업자는 이를 악용하여 소비자의 권리를 무시하면서 기업의 위법행위가 악순환 된다는 점이다. 이러한 문제를 해결하기 위해서는 단지 위법행위의 금지 · 중지를 요구하는데 그칠 것이 아니라 실제로 입은 소액 다수의 피해자의 권리를 구제하고 이후 사업자의 위법행위를 억지하여 재발을 막을 수 있도록 하는 **집단소송법**[14]의 도입이 필요하다고 본다.

② 약관의 규제에 관한 법률

대량생산 · 대량소비사회에서 약관(約款)에 의한 거래가 새로운 사회현상으로 떠오름에 따라 1986년에 약관에 관한 법률을 제정하게 되었다.

14) 집단소송이라 함은 다수의 소비자나 투자자들이 원인이나 쟁점이 같은 공통의 사안에 대해서 각 소액의 배상청구권을 갖는 경우에 피해자집단의 대표가 구성원 전체의 청구 총액을 일괄 제소하여 일거에 전체의 권리구제를 실현시키는 소송형태를 말한다. 개별당사자주의를 원칙으로 하는 현행 『민사소송법』의 기본체계와 배치되는 만큼 민사소송법에 대한 특별법 제정이 필요하다. 현재 민사소송법의 특례로서 『증권 관련 집단소송법』에 의하여 증권의 매매나 기타 거래과정에서 다수인에게 피해가 발생한 경우에는 집단소송이 가능하다.

그 명칭은 『약관의 규제에 관한 법률』 이다. **약관**이란 그 명칭이나 형태, 범위에 상관없이 계약의 한쪽 당사자가 여러 명의 상대방과 계약을 체결하기 위하여 일정한 형식으로 미리 마련한 계약의 내용을 말한다(제2조 제1호). 약관이 계약당사자에게 **구속력**을 갖는 것은 그 자체가 법규범 또는 법규적 성질을 가진 것이기 때문이 아니라 당사자가 계약내용에 포함시키기로 합의하였기 때문이다.[15]

사업자는 계약을 체결할 때 고객에게 약관의 내용을 계약의 종류에 따라 일반적으로 예상되는 방법으로 명시하고, 중요한 내용을 고객이 이해할 수 있도록 설명하여야 한다(제3조 제2항 및 제3항). 이를 위반한 때에는 해당 약관을 계약의 내용으로 주장할 수 없다(제3조 제4항). 사업자와 고객이 약관의 내용과 다르게 합의한 사항이 있을 때에는 그 합의 사항이 약관보다 우선한다(제4조). 약관은 신의성실의 원칙에 따라 공정하게 해석되어야 하며 고객에 따라 다르게 해석되어서는 안 된다(제5조 제1항). 약관의 뜻이 명백하지 않은 경우에는 고객에게 유리하게 해석되어야 한다(제5조 제2항).

신의성실의 원칙을 위반하여 공정성을 잃은 약관 조항은 무효이다(제6조 제1항). 약관의 내용 중 고객에게 부당하게 불리한 조항이나 고객이 계약의 거래형태 등에 비추어 예상하기 어려운 조항, 고객의 본질적 권리를 제한하는 조항은 불공정한 것으로 추정된다(제6조 제2항). 사업자의 고의 또는 중대한 과실로 인한 법률상 책임을 배제하는 조항, 고객에게 부당하게 과중한 지연손해금 등의 손해배상의무를 부담시키는 조항, 고객의 해제권 또는 해지권을 배제하거나 제한하는 조항 등은 무효이다(제7조 내지 제9조). 또, 사업자가 일방적으로 급부의 내용을 결정하거나 중지 또는 제3자에게 대행할 수 있게 하는 조항, 고객의 항변권과 상계권 등의 권리를 부당하게 배제하거나 제한하는 조항, 고객에게 소송의 제기

---

15) 대법원 1989. 3. 28. 88다4645

를 금지하거나 입증책임을 부담시키는 조항 등도 무효이다(제10조 내지 제14조).

공정거래위원회는 사업자가 위와 같은 **불공정한 약관조항**을 사용하는 경우에 해당 조항의 삭제·수정 등 시정조치를 권고할 수 있고 시정에 필요한 조치를 명할 수 있다(제17조의2 제1항 및 제2항). 이 명령에 불응하는 자는 처벌된다(제32조). 사업자 및 사업자단체는 일정한 거래분야에서 표준약관을 마련하여 공정거래위원회에 심사를 청구할 수 있으며, 소비자단체 또는 한국소비자원은 소비자 피해가 자주 일어나는 거래분야에서 표준이 될 약관을 마련할 것을 공정거래위원회에 요청할 수 있다(제19조의3 제1항 및 제2항).

최근 2012. 2월에는 〈분쟁의 조정 등〉에 관한 장이 신설되었다(같은 해 8. 18.부터 시행). 개정된 법에 의하면 약관에 관한 분쟁을 해결하기 위하여 한국공정거래조정원에 **약관 분쟁조정협의회**를 설치할 것을 규정하고 있다. 또, 분쟁조정의 특례로서 **집단분쟁조정제도**를 도입하여 불공정 약관의 다수 계약자에 대한 추가적 피해 발생을 예방하는 등 약관 관련 피해를 신속히 구제하고자 노력하고 있다.

③ 할부거래에 관한 법률

할부거래라는 용어는 소비자에게 매우 익숙하다. 할부거래란, (계약의 명칭이나 형식이 어떠하든) 소비자가 물건(또는 용역, 이하 동일함)의 대금을 2개월 이상의 기간에 걸쳐 3회 이상 나누어 지급하고, 그 대금을 완납하기 전에 물건을 제공받기로 하는 계약을 말한다. 신용카드 결제도 포함한다(간접할부계약). 대금을 분할하여 지급하기 때문에 현재 자금이 부족한 소비자도 물건을 즉시 구입할 수 있고 대금 완납 전에 물건을 사용할 수 있는 장점이 있다. 기업들도 판매촉진을 위해 할부거래를 싫어하지 않는다. 다만, 할부거래는 판매자가 소비자의 신용을 떠안는 부담과 관리 비용을 이유로 폭리를 취할 우려가 있으며, 소비자에게 충동구매를 유도하여 건전한 소비문화를 저해하기도 한다. 이러한 할부거래의 문제점을 해소하면서 판매자와 소비자 간의 이해관계를 조정하기 위해 제정된 법이 현행 『할부거래에 관한 법률』 이다. 이 법에서 소비자 보호와 관련하여 특이한 내용으로는 ① 계약체결의 방식(제5조 및 제6조) ② 철회권(제8조 내지 제10조) ③ 항변권(제16조) ④ 계약해제권 행사(제11조) 및 손해배상청구의 제한(제12조) 등을 들 수 있다.

첫째, 판매자는 계약 체결 전에 할부계약의 조건에 관한 일정 사항을 표시하여야 한다(제5조).[16] 소비자가 이를 제대로 살피지 못하면 충동구매를 할 우려가 있기 때문에 법은 〈계약체결 전의 정보제공〉에 관해 따로 규정하고 있다. 또, 계약은 반드시 **서면**(전자문서 포함)으로 체결하여야 하고(제6조),[17] 계약서를 소비자에게 발급하여야 한다. 서면주의는 대금지급관계가 장기간에 걸쳐 계속되는 할부거래의 특성을 고려하여 소비자가 계약의 내용을 명확히 알 수 있도록 하기 위한 것이다. 할부계약이 법정기재요건을 갖추지 못하거나 그 내용이 불확실한 경우에는 소비자와 판매자 간의 특약이 없는 한 그 계약내용은 어떠한 경우에도 소비자에게 불리하게 해석되어서는 안 된다(제6조 제4항).

둘째, 소비자는 계약서를 받은 날(받지 않은 경우에는 그 주소를 안 날 등)로부터 7일 이내에 청약을 철회할 수 있다(제8조 제1항 제1호). 소

---

16) 판매자는 재화의 종류와 내용, 현금가격과 할부가격, 각 할부금의 금액 · 지급횟수 및 지급시기, 할부수수료의 실제연간요율(소수점 이하 1단위 이상까지 표시)과 지연손해금 산정 시 적용되는 비율 등에 관하여 소비자가 잘 이해할 수 있도록 표시하여야 한다.

17) 계약서에는 재화의 소유권 유보에 관한 사항, 청약의 철회, 계약의 해제, 항변권의 행사 등이 기재되어 있어야 한다. 소비자가 보기 쉽게 9호 이상의 활자로 작성할 것까지 법에 명시되어 있다. 특히, 청약철회의 기한 · 행사방법 · 효과에 관한 사항, 판매자의 계약해제권 등에 관한 사항, 소비자의 철회권 및 항변권 행사와 같은 중요 기재사항은 일반 기재사항의 글씨와 다른 색의 글씨 또는 굵은 글씨 등을 사용하여 명확히 드러나게 할 것을 요구하고 있다(할부거래에관한법률 시행규칙 제3조).

위 쿨링 오프(cooling off)를 행사할 수 있다. 거래의 안전을 다소 희생시키더라도 소비자가 충동구매를 재고할 수 있도록 다시 한번 '냉정히' 생각할 수 있는 시간(숙고기간, 철회권유보기간)을 법이 허용하고 있다. 철회권을 행사하려면 철회의 내용을 담은 서면을 판매자에게 발송하여야 하며, 발송한 날에 그 효력이 생긴다. 신용카드로 할부거래를 한 경우에는 신용카드 회사에도 서면으로 철회 사실을 알려야 한다. 소비자가 숙고기간 내에 청약을 철회하면 소비자는 이미 인도받은 물건을 반환하여야 하고, 판매자는 이미 받은 할부금을 반환하여야 한다(제10조 제1항 및 제2항). 물건의 반환에 필요한 비용은 판매자가 부담한다(제10조 제10항 전단). 판매자는 청약 철회를 이유로 소비자에게 위약금 또는 손해배상금을 청구할 수 없다(같은 항 후단). 단, 소비자에게 책임 있는 사유로 물건이 멸실되거나 훼손된 경우(내용물을 확인하기 위한 포장 훼손은 제외), 사용 또는 소비에 의하여 그 가치가 현저히 낮아질 우려가 있는 물건 등을 사용·소비한 경우(자동차, 건설기계 혹은 설치에 전문인력 및 부속자재가 요구되는 냉동기, 보일러 등), 시간이 지남으로써 다시 판매하기 어려울 정도로 가치가 현저히 낮아진 경우, 할부가격이 10만원 미만(신용카드 거래의 경우에는 20만원 미만)인 때에는 청약을 철회할 수 없다(제8조 제2항).

셋째, 민법상 인정되는 판매자의 채무불이행책임과 하자담보책임 외에도 소비자의 항변권을 인정하고 있다. 소비자는 할부계약이 불성립·무효인 경우, 할부계약이 취소·해제 또는 해지된 경우, 배달이 지체된 경우, 판매자의 하자담보책임 불이행, 기타 판매자의 채무불이행으로 인하여 할부계약의 목적을 달성할 수 없는 경우, 다른 법률에 따라 정당하게 청약을 철회한 경우에 할부금지급을 거절할 수 있다(제16조 제1항). 신용카드를 사용하여 할부거래를 한 경우에는 신용카드회사에도 할부금 지급을 거절한다는 의사를 통지하여야 한다. 단, 할부가격이 10만원 미만(신용카드 거래의 경우에는 20만원 미만)인 때에는 항변권을 행사할 수 없다.

넷째, 소비자가 할부금을 지급하지 않는 경우에 판매자는 계약을 해제하기 전에 14일 이상의 기한을 두고 할부금 지급을 서면으로 최고(催告)하여야 한다(제11조 제1항). 판매자가 계약을 해제한 경우에 소비자에게 청구하는 손해배상액은 할부금의 지연에 따른 지연손해금과 매도인의 실손해액의 합계액을 초과하지 못한다(제12조 제1항). 미리 손해배상액을 예정해 놓았다고 하더라도 소비자에게 청구하는 손해배상액은 지연된 할부금에 대통령령이 정한 이율을 곱하여 산정한 금액에 상당하는 지연손해금을 초과하지 못한다.

그 외에도 소비자가 기한의 이익을 상실하고 나머지 할부금을 한꺼번에 지급하여야 하는 경우로는 할부금지급의 연체가 연속하여 2회 이상이고 그 금액이 전체 대금의 10분의 1을 초과할 때, 소비자가 생업에 종사하기 위하여 혹은 외국인과의 결혼 및 연고관계로 인해 외국으로 이주하는 경우에 한한다(제13조).

④ 방문판매 등에 관한 법률

일반적으로 소비자가 판매자의 사업장을 방문하여 물건을 구매하는 경우가 일반적이다. 그러나 판매자가 소비자를 방문하여 사업장 이외의 장소에서 소비자를 권유하여 물건을 판매하거나(방문판매) 판매자가 전화를 이용하여 소비자를 권유하거나 전화회신을 유도하는 방법(전화유도판매: telemarketing)으로 물건을 판매하는 특수한 방식도 있다.

『방문판매 등에 관한 법률』(이하 방문판매법)에서도 판매자의 권유에 현혹되어 소비자가 충동 구매할 것에 대비하여 〈계약체결 전 정보제공의무〉와 〈계약서 발급의무〉를 규정하고 있다(제7조 제1항 및 제2항). 이 법에서도 소비자가 충동구매를 재고할 수 있도록 계약체결 후 일정기간 내에 무조건적으로 청약을 철회할 수 있도록 허용하고 있다. 단, 방문판매 및 전화유도판매에서의 숙고기간은 계약서를 교부받은 날 등으로부터 14일 이내이다(제8조 제1항). 그리고 반드시 서면으로 청약을 철회해야 하는 것은 아니다. 소비자가 신용카드로 대금을 결제한 경우에는 판매자가 신용카드회사로 하여금 대금 청구를 정지하거나 취소하도록 요청하여야 한다. 소비자의 책임 있는 사유로 판매자가 계약을 해제하는 경우에 소비자에게 청구하는 손해배상액도 할부거래의 경우와 같이 제한을 받는다.

그 외에도 이 법은 다단계판매 및 후원방문판매, 계속거래 및 사업권유거래 등에서의 소비자권익에 관한 규정을 두고 있다.

⑤ 전자상거래 등에서의 소비자보호에 관한 법률

최근 인터넷과 통신기술의 급속한 발달로 인해 전자상거래의 비중이 높아졌다. 판매자와 소비자가 직접 만나 실물을 보면서 물건과 대금을 교환할 필요가 없는 것은 물론이고, 소비자들은 소셜 네트워크 서비스(SNS)를 이용한 소셜 커머스(S-Commerce)를 통해 안면부지인 사람들과 함께 소위 '공동구매'의 형태로 상품을 구매하기도 한다. 바쁜 현대인의 생활에서 인터넷으로 혹은 텔레비전으로 옷이나 가전제품을 구입하는 것은 결코 낯설지 않다. 현행 『전자상거래 등에서의 소비자보호에 관한 법률』(이하 전자상거래법)에 의하면, 거래의 전부 또는 일부가 전자문서[18]에 의해 이루어지는 상행위를 **전자상거래**라고 하고, 우편 · 전기통신 등 통신수단을 이용하여 물품 정보를 제공하고 소비자의 청약을 받아 판매하는 것을 **통신판매**라고 한다. 인터넷뱅킹, 교통카드 사용 등은 전자상거래에 해당하고, 텔레비전 홈쇼핑, 카탈로그 쇼핑은 통신판매에 해당한다. 인터넷쇼핑은 전자상거래이면서 동시에 통신판매에도 해당된다. 전자상거래가 급증하면서 소비자 피해 또한 증가함에 따라 방문판매법에 규정되어 있

18) 『전자거래기본법』 제2조 제1호에 의하면, 전자문서란 정보처리시스템에 의하여 전자적 형태로 작성, 송신 · 수신 또는 저장된 정보를 말한다(2012. 9. 2. 부터는 『전자문서 및 전자거래 기본법』 으로 변경).

던 종전의 통신판매제도만으로는 이에 대처하기 어렵게 되었다. 그리하여 방문판매법에서 통신판매에 관한 사항을 별도로 분리하면서 2002년에 제정된 것이 전자상거래법이다.

이 법에 의하면, 통신판매업자는 소비자로부터 청약을 받을 목적으로 표시·광고를 할 때 〈신원 및 거래조건에 대한 정보 제공〉을 하여야 하고(제13조), 소비자로부터 청약을 받으면 청약 의사표시의 수신 확인 및 판매 가능 여부에 관한 정보를 소비자에게 신속히 알려야 한다(제14조). 이 법에 의하면 계약체결 전에 소비자가 〈청약 내용을 확인하고 정정하거나 취소할 수 있도록 적절한 절차〉를 갖출 것을 요구하고 있다(제7조). 이 법도 청약의 철회권을 인정하고 있다. 계약내용에 관한 서면을 교부받은 날로부터 7일 이내에 청약을 철회할 수 있으며, 그러한 서면을 교부받은 때보다 물건의 공급이 늦게 이루어진 경우에는 그 공급을 받거나 공급이 개시된 날로부터 7일 이내에 청약을 철회할 수 있다(제17조 제1항). 단, 물건의 내용이 표시·광고의 내용과 다르거나 계약 내용과 다르게 이행된 경우에는 공급받은 날로부터 3개월 이내, 그 사실을 안 날 또는 알 수 있었던 날로부터 30일 이내에 청약을 철회할 수 있다(제17조 제3항). 이 때에도 반드시 서면으로 철회해야 하는 것은 아니다. 청약을 철회한 소비자는 이미 공급받은 물건 등을 반환하여야 하고, 판매자는 이미 받은 대금을 돌려주어야 한다(제18조 제1항 및 제2항). 이 때 공급받은 물건의 반환에 필요한 비용은 소비자의 일방적인 청약 철회의 경우 소비자가 부담하고, 물건의 내용이 표시·광고의 내용과 다르거나 계약 내용과 다르게 이행되어 청약이 철회된 경우에는 판매자가 부담한다(제18조 제9항 전단 및 제10항). 판매자는 휴업기간이나 영업정지기간에도 청약철회 등의 업무와 그에 따른 대금환급과 관련된 업무를 계속하여야 한다(제22조 제1항). 그 외에도 판매자가 청약 철회를 이유로 위약금 또는 손해배상을 청구할 수 없으며(제18조 제9항 후단), 소비자에게 책임 있는 사유로 계약을 해제하는 경우에 판매자가 청구하는 손해배상액도 일정 금액을 초과할 수 없다(제19조).

(2) 소비자 피해와 구제

소비자보호에서 가장 중요한 것은 소비자의 피해를 구제하는 것이다. 소비자가 물건을 사용하거나 서비스를 이용하면서 입은 피해를 구제받는 방법은 크게 5가지로 볼 수 있다.

먼저, 사업자에게 피해구제를 요청하는 것이다. 당사자간 합의에 의해 원만히 문제를 해결하는 것이 가장 바람직한 구제방법이다. 사업자의 소비자상담기구 설치가 권장되고 있으며, 많은 사업자가 소비자의 불만 또는 피해 상담을 위하여 소비자상담실에 전담직원을 배치하고 있다(소비자기본법 제53조).

사업자와 합의가 되지 않거나 의견 충돌이 있는 경우에는 민간 소비자단체를 이용할 수 있다(자율적 분쟁조정, 제31조). 소비자의 불만 및 피해를 처리하기 위해 소비자를 상담하고 정보를 제공하며 당사자 사이의 합의를 권고하는 것은 소비자단체의 주요 업무이기도 하다.

한편, 국가나 지방자치단체 등의 행정기관이나 금융감독원 등의 공공기관에서도 관련 법률에 따라 소비자의 불만과 피해구제를 위한 기구를 설치하여 소비자의 피해를 구제하고 있다. 행정기관의 경우 시청, 구청과 같은 지방자치단체의 소비자보호과 또는 지역경제과 등을 통해 소비자의 불만 및 피해를 접수할 수 있으며, 식품의약품안전청, 국립수의과학검역원 등 별도의 행정기관을 통해 피해구제를 신청할 수도 있다.

또, 소비자는 한국소비자원에 방문, 전화, 팩스, 우편, 인터넷 등을 통하여 상담을 요청하고 피해구제를 신청할 수 있다(제55조). 소비자로부터 피해구제청구를 받은 사업자나 소비자단체 또는 국가·지방자치단체도 그 처리를 한국소비자원에 의뢰할 수 있다. 한국소비자원은 피해구제신청

사건을 처리하면서 당사자 또는 관계인이 법령을 위반한 것으로 판단되는 때에는 관계기관에 통보하고 적절한 조치를 의뢰하여야 한다. 한국소비자원은 소비자분쟁해결기준에 따라 분쟁당사자가 피해보상에 관한 합의를 하도록 권고하고, 합의가 이루어지지 않을 때에는 준사법기관인 **소비자분쟁조정위원회**에 회부한다. 이 위원회는 양 당사자를 소환해 사건에 대한 심리를 한 후 조정을 시도한다. 소비자의 피해가 다수의 소비자에게 같거나 비슷한 유형으로 발생하는 경우에는 조정위원회에 일괄적인 분쟁조정(집단분쟁조정)을 의뢰 또는 신청할 수 있다. 소비자분쟁조정위원회에서 결정된 사항은 양 당사자가 수락할 경우 재판상 화해와 같은 효력을 가진다(제67조 제4항, 재판상 화해에 관해서는 제6장 「민사소송과 조정제도」 참고).

마지막 방법은 민사소송을 통해 피해를 구제받는 것이다. 법원의 판결에 의한 구제는 앞에서 본 다른 방법들에 비해 강제적이고 최종적인 방법이다. 실제로 소송을 통해 해결하는 것은 여간 번거로운 일이 아니며, 피해원인과 피해금액 등을 입증해야 하는 문제가 있어서 이용이 쉽지 않다. 법원의 도움을 받는 경우에도 일반 민사소송보다 절차가 비교적 간단한 민사조정제도와 소액사건심판제도 등을 이용할 수 있다(민사조정제도와 소액사건심판제도에 관해서도 제6장 「민사소송과 조정제도」 참고).

참고문헌

지원림, 민법강의, 홍문사, 2011

법무부, 한국인의 법과 생활, 법무부, 2009

제4장 불법행위와 손해배상

1. 사고와 법

현대 생활은 과거와 비교할 수 없을 정도로 윤택하고 신속해졌다. 그러나 급격한 산업화·도시화 과정은 시민들이 다양한 사고(事故)에 노출될 위험도 증가시켰다. 자동차사고, 의료사고, 약화사고, 공해 등 헤아릴 수 없는 사건사고들이 우리 주위에서 발생하고 있다. 법은 사고 발생이나 피해 확대를 방지하기 위하여 각각의 분야에서 사전 예방적 조치들을 마련해 놓고 있다. 이는 『도로교통법』, 『의료법』, 『약사법』, 『환경정책기본법』 등 다양한 행정법적 규제들을 통해 이루어지고 있다. 한편, 이미 발생한 사고에 대해서도 적절한 조치가 필요하다. 사후조치는 사고를 일으킨 가해자에게 형사책임을 추궁하는 것과 피해자의 손해를 전보하는 민사책임을 묻는 것으로 크게 구분된다. 개인의 행위는 기본권으로서 보호되는 일반적 행위자유에 기초하면서도 공공의 이익과 조화될 수 있어야 한다. 민사책임은 피해자의 손해를 전보하는 기능을 수행하면서 동시에 가해자에 대한 제재로서의 기능도 담당한다. 이는 사회일반인에게도 주의를 촉구하므로 간접적으로 행위조정적 기능을 가지며 사고에 대한 예방·억제적 효과를 거두고 있다.

2. 민사책임 : 불법행위책임과 채무불이행책임

사고 피해자가 가해자에게 손해의 배상을 요구할 때에는 민법의 두 가지 법적 근거에 기초하고 있다. 하나는 불법행위책임(제750조)이고, 다른 하나는 채무불이행책임(제390조)이다.

채무불이행책임은 계약 당사자가 상대방에 대해 부담하는 의무(즉, 급부)를 성실히 이행하지 않은 경우에 발생하는 책임이다. 예를 들면, 카메라를 200만원에 산다고 약속을 하고 대금을 지급하였는데 상대방이 카메라를 인도하지 않는 경우에 발생하는 책임이다. 이 경우에는 손해배상을 청구하거나 계약을 해제하여 원상회복을 청구할 수 있다. 반면, **불법행위책임**은 계약과 무관하게 예기치 않은 손해를 배상하는 책임이다. 즉, 특정의 계약당사자가 부담하는 의무가 아니라 사회일반인이 부담하는 적법행위에 대한 의무를 위반한 경우에 발생하는 책임이다. 이를테면, 자동차 운전자가 운전 중 부주의로 길을 가던 행인(특정의 계약관계가 아닌 일반인)을 치어 사망케 한 경우에 발생하는 책임이다. 불법행위에서는 가해행위에 의하여 비로소 그들 사이에 법률관계가 발생하는 경우가 많다.

그런데, 이 두 가지 책임이 완전히 별개의 것은 아니다. 택시운전자가 승객을 목적지로 운송하던 중 부주의로 사고를 일으켜 승객에게 상해를 입힌 경우에는 양 책임이 동시에 성립한다. 택시운전자는 승객과의 관계에서(승객이 목적지를 알리고[청약] 운전자가 이에 응한[승낙] 시점에서 양자 간 계약이 성립한다) 목적지까지 안전하게 운송할 계약상 의무를 위반하였기 때문에 채무불이행책임을 부담함과 동시에 부주의한 운전행위로 인해 타인에게 손해를 입혔기 때문에 불법행위책임도 부담하게 된다. 따라서 피해자인 승객은 어느 쪽의 책임에 근거해서도 손해배상을 청구할 수 있다(승객이 아닌 보행자를 치어 상해를 입힌 경우에 택시운전자는 그 보행자에게도 손해배상책임을 지지만, 이 경우는 불법행위책임이다). 물론 어느 쪽의 책임에 의하던 피해자가 그 사고로 인해 얻을 수 있는 손해배상청구권은 하나이다.

사고 발생 이후 가해자가 피해자의 손해배상청구에 응한다면 그것으로 문제는 해결된다. 그러나 가해자가 피해자의 손해배상청구에 응하지 않거나 응했다고 하더라도 그 내용에 다툼이 있는 경우에는 종국적으로 피해자가 법원에 민사소송을 제기하게 된다(제6장 「민사소송과 조정제도」 참고).

3. 불법행위책임

불법행위란 타인에게 손해를 가하는 위법한 행위를 말한다. 불법행위는 사법(私法)상 제도이지만 동시에 형법상 범죄에 해당하기도 한다(제7장 「범죄와 형벌」 참고). 인간의 공동생활 자체가 타인과의 마찰이 불가피하고 심지어는 손해를 끼칠 가능성을 내포하고 있으므로 공동생활을 하면서 발생한 손해 전부를 무조건 배상하도록 하는 것은 개인의 활동, 특히 경제활동의 위축을 초래할 수 있다. 그래서 손해배상책임은 적절한 범위로 제한될 필요가 있다. 근대 민법은 가해자 · 피해자 지위의 호환성을 전제로 귀책사유(고의 · 과실)에 근거한 손해배상책임을 인정하였다. **지위의 호환성**이란 지금은 피해자이지만 다음에는 가해자가 될 수 있다는 의미이다. 그러한 특성이 어느 정도 개인간의 평등을 확보하고 있는 것으로 보았다. 우리 민법 또한 행위자가 결과의 발생을 예측하였거나 혹은 주의하면 예측할 수 있었던 경우에만 책임을 지는 원칙을 채택하였다. 이를 **과실책임의 원칙**이라고 한다. 책임을 진다는 것은 자기의 행위에 대해서만 책임을 질 뿐 타인의 행위에 대해서는 책임을 지지 않는다는 의미에서 **자기책임의 원칙**이라고도 할 수 있다. 불법행위법은 근본적으로 이러한 근대적 특징을 담아 경제활동의 자유를 보장하여 왔다.

그러나 기업 활동의 대규모화, 기술의 고도화, 조직구조의 복잡화 및 복합화 등을 특징으로 한 현대 산업사회에서는 지위의 호환성이 전제되지 않는다. 지금도 피해자라면 다음에도 피해자이므로 평등은 확보되지 않는다. 또 고속교통기관, 원자력과 같은 새로운 위험원이 등장하고 환경오염, 의료과오, 제조물 피해, 사생활 침해 등 집단피해가 증가하고 있다. 오늘날 불법행위법은 위 두 원칙의 전제가 붕괴되면서 가해자와 피해자 사이의 형평을 기하기 위한 별도의 장치가 필요하게 되었다. 즉, '스스로 위험을 만든 자는 그 결과에 대하여 책임을 져야 한다'라는 위험책임에 근거하여 가해자에게 과실이 없더라도 그의 행위로 인하여 손해가 발생하였다는 관계가 성립하면 그것으로 손해배상책임을 지울 수 있는 무과실책임이 대두하게 되었다. 무과실책임은 법원의 판례를 통해서도 인정할 수 있지만(예: 2002. 7. 1. 제조물책임법 시행 전의 제조물책임) 민법에 우선 적용될 특별법을 제정하는 것이 보다 확실한 방법이다. **무과실책임**을 인정하고 있는 예로는 『환경정책기본법』, 『토양환경보전법』, 『원자력손해배상법』, 『제조물책임법』 등이며, 증명책임의 전환에 의하여 사실상 무과실책임에 접근하고 있는 자동차손해배상보장법 등이 있다. 무과실책임법리가 아무리 발전하더라도 과실책임이 불법행위책임의 기본원리임은 부인할 수 없다.

4. 일반불법행위책임

민법 제750조(불법행위의 내용)

고의 또는 과실로 인한 위법행위로 타인에게 손해를 가한 자는 그 손해를 배상할 책임이 있다.

불법행위책임은 개인의 위법한 행위에 대한 응보를 일차적 목적으로 하는 형사책임과 달리, 사회에 발생한 손해를 그 손해 발생에 관여한 자 사이에 합리적으로 배분하려는 제도이다. 이 제도의 목적은 **피해자 구제**와 **손해의 공평한 분담**에 있다.

(1) 불법행위책임의 요건

민법 제750조는 불법행위책임이 발생하는 요건을 다음과 같이 규정하고 있다.

① 고의 · 과실로 인한 가해행위
② 가해행위의 위법성
③ 손해의 발생
④ 가해행위와 손해 사이의 인과관계
⑤ 책임능력

첫째, 가해자에게 **고의** 또는 **과실**이 있어야 한다. 형법과 달리, 불법행위법에서는 '발생한 손해의 배상'을 염두에 두기 때문에 고의와 과실을 구별하지 않는다. 문제는 과실을 어떻게 판단할 것인가 하는 점이다. 과실이란 '사회생활상 요구되는 주의를 기울였다면 결과의 발생을 예견하거나 그 결과를 회피할 수 있었으나 부주의로 인해 그러한 결과를 발생하게 하는 심리상태'라고 정의된다. 이 때 부주의의 판단이 가해자의 구체적인 주의능력을 기준으로 한다면(이것을 **구체적 과실**이라고 한다) 가해자 능력의 차이로 인해 피해자 구제가 불안정한 것이 되고 만다. 그래서 가해자와 동일한 행위를 행하는 평균적인 사람을 기준으로 부주의 여부를 결정한다(이것을 **추상적 과실**이라고 한다). 즉, 그때그때 구체적인 사례(수술, 운전 등)에서 보통인에게 요구되는 능력이 과실 판단의 기준이 된다. 예를 들면, 의사의 주의의무는 의료행위를 할 당시 의료기관 등 임상의학

분야에서 실천되고 있는 의료행위의 수준을 기준으로 삼되, 그 의료수준은 통상의 의사에게 의료행위 당시 일반적으로 알려져 있고 또 시인되고 있는 이른바 의학상식을 뜻하므로 진료환경 및 조건, 의료행위의 특수성 등을 고려하여 규범적인 수준으로 파악되어야 하고, 당해 의사나 의료기관의 구체적 상황에 따라 판단되어서는 안 된다.[19] 과실이란 가해자의 주관적 심리상태가 아니라 통상인으로서 기울여야 할 주의를 하지 않은 것에 대한 객관적 행위의무 위반이다. 민법에서는 형법에서처럼 유책한 행위에 대한 응징이 문제되는 것이 아니라 공평한 손해의 분담이 문제되기 때문에 이러한 객관적 기준이 정당화된다. 이를 〈과실의 객관화〉라고 한다.

둘째, 가해자의 행위가 피해자의 권리·이익을 침해하는 **위법**한 것이어야 한다. 구제의 범위를 넓히기 위해서 권리뿐만 아니라 법률상 보호되는 이익도 포함한다. 어떤 행위가 위법한지 여부는 타인에 대한 가해의 정도가 사회생활상 통상의 수인한도를 넘는 것인지 여부에 달려 있다.

셋째, **손해**가 발생하여야 한다. 불법행위로 인한 손해배상청구권은 현실적으로 손해가 발생한 때 성립한다. 손해란 법익에 대한 비자발적 손실을 말하며, 재산적 손해와 정신적 손해로 구별된다. 보통 〈가해행위가 없었더라면 존재하였을 (가정적) 이익 상태와 현재의 이익 상태를 비교하여 그 차액〉으로서 손해를 파악한다.

넷째, 피해자의 손해가 가해자가 일으킨 사고의 결과여야 한다. 즉, 가해행위와 손해 사이에 **인과관계**가 있어야 한다. 이 인과관계는 〈그 행위가 없었다면 그 손해는 발생하지 않았을 것〉이라고 하는 조건관계를 기초로 판단한다. 불법행위책임의 성립요건으로서 인과관계에 대한 증명책임은 피해자가 진다. 그러나 의료과오, 약해사고 등으로 인한 피해와 같이 인과관계 증명에 고도의 전문적·과학적 지식을 요하는 분야에서 피해자

19) 대법원 2005. 10. 28. 2004다13045

에게 증명책임을 지운다는 것은 사실상 피해구제를 거절하는 결과가 될 수 있다. 피해구제 차원에서 증명책임의 공평을 기하는 것은 매우 중요하다.

다섯째, 가해자에게 **책임능력**이 있어야 한다. 책임능력이란 자기의 행위가 위법하여 법적인 비난을 받는다는 것을 인식·판단할 수 있는 정신적 능력을 말한다. 과실책임의 원칙에서 고의·과실을 불법행위의 요건으로 하는 이상, 책임을 물을 전제로서 가해자에게 그것에 응당한 능력이 갖추어져 있어야 한다. 민법은 자기 행위의 책임을 변식할 지능이 없는 미성년자와 심신상실자를 책임무능력자로 하고, 그 외의 모든 사람은 책임능력자로 다루고 있다. 책임능력의 유무는 가해행위의 시점에서 판단된다. 일반적으로 초등학교 졸업(12~13세) 정도면 책임능력이 갖추어진다고 본다. 심신상실자의 경우에도 고의 또는 과실로 일시적인 심신상실상태를 초래한 자에게는 책임이 인정된다. 술에 만취하여 혹은 마약 복용으로 심신상실상태에 일시적으로 빠진 자의 경우가 그러하다(이것을 〈원인에 있어서 자유로운 행위〉라고 한다).

(2) 불법행위책임의 효과

불법행위책임이 성립되면, 가해자는 피해자에게 손해배상책임을 부담한다. 원칙적으로 손해는 금전으로 배상되어야 한다(금전배상주의). 재산적 손해뿐만 아니라 정신적 손해도 금전으로 배상된다. **위자료**라고 일반적으로 불리는 것이 후자의 정신적 손해에 대한 배상금이다. 금전배상에 대한 예외로서, 명예훼손의 경우에 법원은 피해자의 청구에 의하여 손해배상에 갈음하거나 손해배상과 함께 명예회복에 적당한 처분을 명할 수 있다. 종래 이러한 처분으로 신문지상의 사죄광고를 들었지만, 헌법재판소는 이것이 양심의 자유 및 헌법상 보장되는 인격권을 침해하는 것으로 헌법에 위반된다고 하였다.[20]

손해배상청구권자는 원칙적으로 직접 손해를 입은 피해자이다. 피해자가 사망한 경우에는 피해자에게 귀속되었던 손해(적극적 손해 및 정신적 손해 포함)의 배상청구권이 그 가족에게 상속된다. 그리고 피해자의 사고로 인하여 정신적 고통을 입은 가족들의 위자료청구권도 독자적으로 인정된다(민법 제750조 내지 제752조). 가족의 위자료청구권은 피해자가 사망한 경우는 물론 부상을 입은 경우에도 인정된다. 태아는 손해배상의 청구에 관하여 '이미 출생한 것으로 본다'(제762조). 따라서 태아는 불법행위자가 자신에게 가한 정신적 또는 재산적 손해에 대한 고유의 배상청구권을 가진다. 손해배상의무를 부담하는 자는 가해자이다. 경우에 따라서는 가해자와 일정한 관계에 있는 자(예: 감독의무자, 사용자 등)가 배상의무를 부담하기도 한다.

손해배상의 범위는 **통상의 손해**에 한정된다. 채무불이행책임이던 불법행위책임이던 간에 손해배상책임을 부담시키기 위해서는 책임성립요건으로서의 인과관계가 요구되고, 일단 손해배상책임을 성립시키기 위한 인과관계가 인정되면 특별한 사정이 없는 한 통상의 손해, 즉 과실과 **상당인과관계** 있는 손해만을 배상하도록 하고 있다(제393조 및 제763조). 통상손해로서 배상되어야 할 손해인지 여부를 판단하기 위해서는 치료비, 일실수입, 장례비의 각 손해 항목별로 과실과 상당인과관계가 있는지를 따지게 된다. 더 나아가 치료비는 그 치료시기를 나누어서 과실과 상당인과관계가 있을 때만 통상의 손해로서 손해배상의 대상이 된다.

손해는 물적 손해와 인적 손해로 구분되고, 인적 손해는 재산적 손해와 정신적 손해로 다시 구분된다. 실무에서는 재산적 손해를 다시 적극적 손해와 소극적 손해로 구별한다. 치료비, 장례비, 개호비 등은 전자에 속하고, 휴업손해나 퇴직금, 잃어버린 기대수입 등의 일실수입은 후자에 속한다. 손해액은 불법행위 당시를 기준으로 산정한다. 피해자에게 과실이

---

20) 헌법재판소 1991. 4. 1. 89헌마160

나 이익이 있는 경우에는 이를 상계(相計)하여 손해액을 산정한다. 불법행위로 인해 손해배상청구권은 손해 및 가해자를 안 날로부터 3년, 불법행위가 있은 날로부터 10년 동안 행사하지 않으면 소멸한다.

5. 민법상 특수한 불법행위

민법은 일반불법행위책임을 수정·변경한 특수한 불법행위책임을 다음과 같이 규정하고 있다. ① 책임무능력자의 감독자 책임(제755조), ② 사용자책임(제756조), ③ 공작물책임(제758조), ④ 동물점유자의 책임(제759조), ⑤ 공동불법행위(제760조)가 있다.

(1) 타인의 가해행위로 인한 책임

타인의 가해행위에 대해 책임을 지는 경우로는 책임무능력자의 감독자책임과 사용자책임이 있다.

감독자책임은 책임무능력자가 타인에게 손해를 가한 경우에 그를 감독할 의무가 있는 사람이 피해자에게 손해를 배상하는 책임이다. 잘못을 저지른 사람은 책임무능력자이지만, 책임무능력자는 불법행위를 하였더라도 책임을 지지 않기 때문에 피해자보호 차원에서 감독자의 배상책임을 인정하고 있다. 이 때 감독자는 감독의무를 게을리 한 자신의 과실로 인해 **직접** 피해자에게 책임을 지는 것이다. 감독자가 면책되기 위해서는 감독의무를 게을리하지 않았음을 증명하여야 한다. 그런데 실무에서 감독자가 면책되기란 매우 어렵기 때문에 실제에서는 자기책임원칙의 예외로 볼 수 있다. 여기서 말하는 감독자에는 미성년자의 친권자와 같은 법정감독의무자 외에도 보모 또는 초등학교 교사[21]와 같이 법정감독의무자와의

21) 초등학교 교사 등의 감독의무와 관련하여, 대법원은 "초등학교의 교장이나 교사는 학생을 보호·감독할 의무를 진다. 그러나 이러한 학생에 대한 보호·감독의무는

계약 등에 의해 감독을 위탁받은 대리감독자가 포함된다. 한편, 우리 판례에서는 미성년자인 가해자에게 책임능력이 있는 경우에도 감독자가 감독의무를 게을리하였다면 피해자보호를 위해 감독자의 배상책임을 인정하고 있다.[22]

사용자책임이란 피용자가 사무와 관련하여 제3자에게 가해행위를 한 경우에 사용자(또는 그에 갈음하여 사무를 감독하는 자)가 직접 손해배상책임을 부담하는 것을 말한다. 이 때에도 잘못을 저지른 사람은 피용자이지만 직접가해자인 피용자에 대해서만 배상책임을 묻는다면 피용자의 자력이 부족할 경우 피해자가 충분히 구제받을 수 없기 때문에 일과 관련하여 지휘·감독 관계에 있는 사용자의 배상책임을 인정하고 있다. 그리고 피해자에게 손해배상을 한 사용자는 언제나 피용자에게 전액을 구상할 수 있다(부진정연대채무관계). 다만, 사용자는 피용자의 선임과 사무감독에 상당한 주의를 하였거나 상당한 주의를 하여도 손해가 있을 때에는 면책되며(제756조 제1항 단서), 이러한 사정은 사용자가 주장 및 입증하여야 한다. 사용자책임 또한 실제 면책이 인정된 경우는 매우 드물다. 자기책임원칙의 예외이다. 독립적인 지위에서 일의 완성의무를 지는 수급인은 피용자라고 할 수 없으므로 도급인은 수급인이 그 일에 관하여 제3자에게 가한 손해를 배상할 책임이 없다(제757조 전문).[23] 그러나 예외적으로 도급인이 수급인의 작업에 관하여 지휘·감독할 권한을 가지는 경우에는

학교 내에서의 학생의 모든 생활관계에 미치는 것은 아니고 교육활동 및 이에 밀접 불가분의 관계에 있는 생활관계에 한한다. 또 그 의무의 범위 내의 생활관계라고 하더라도 사고가 학교생활에서 통상 발생할 수 있다고 보는 것이 예측되거나 예측가능성이 있는 경우에만 교장이나 교사는 보호·감독의무 위반에 대한 책임을 진다. 그 예측가능성에 대하여는 교육활동의 때, 장소, 가해자의 분별능력, 가해자의 성행, 가해자와 피해자의 관계, 기타 여러 사정을 고려하여 판단할 필요가 있다."라고 판시하였다(대법원 1997. 6. 27. 97다15258).

22) 대법원 1994. 2. 8. 93다13605

23) 대법원 2006. 4. 27. 2006다4564

도급인에게도 사용자로서의 배상책임이 있다(제757조 후문). 만일 공무원이 그 직무를 집행함에 있어서 타인에게 손해를 가한 경우에는 국가배상법 제2조에 따라 국가(또는 지방자치단체)가 배상책임을 진다(헌법 제29조). 국가배상에 있어서는 피해자가 그 공무원에 대하여 직접 손해배상청구를 할 수 없는 것이 원칙이지만 공무원의 불법행위가 고의 또는 중대한 과실에 기한 것이라면 국가뿐만 아니라 가해공무원에 대해서도 손해배상청구를 할 수 있다. 이 때 가해공무원의 배상책임과 국가의 배상책임은 부진정연대의 관계에 있다.[24)]

(2) 공작물 등의 점유자 · 소유자의 책임

공작물책임이란 공작물의 설치 또는 보존의 하자로 인하여 타인에게 손해가 발생한 경우에 그 손해에 대하여 배상책임을 지는 것이다. 이 책임은 손해발생의 위험이 있는 공작물의 방치에 귀책사유가 있다는 점에서 가해행위를 요건으로 하는 일반불법행위와 구별된다. 공작물이란 인공적 작업에 의하여 제작된 물건을 말한다. 예컨대, 건물, 철도건널목, 고압전주, 배수시설, 축대 등이다. 공작물의 설치 보존상의 하자란 공작물이 그 용도에 따라 통상 갖추어야 할 안전성을 갖추지 못한 상태에 있음을 말한다.[25)] 손해의 방지에 필요한 주의를 게을리하지 않았다면 점유자는 면책되고, 소유자가 손해배상책임을 진다. 점유자 · 소유자 외에 그 손해의 원인에 대해 책임 있는 자가 있다면 배상을 한 점유자 또는 소유자는 그 책임 있는 자에 대하여 구상권을 행사할 수 있다.

동물 점유자(또는 보관자)는 동물이 타인에게 가한 손해에 대해 책임을 진다. 다만 동물의 종류와 성질에 따라 그 보관에 상당한 주의를 게을리하지 않았음을 증명하면 면책된다.

---

24) 대법원 1996. 2. 15. 95다38677
25) 대법원 1992. 4. 24. 91다37652

(3) 공동불법행위책임

여러 명이 공동으로 불법행위를 해서 타인에게 손해를 가한 경우에는 연대하여 손해배상책임을 진다. 민법상 분할채무의 원칙(제408조)[26]을 배제함으로써 피해자를 두텁게 보호하고자 한다. 예를 들어, 여러 명이 돌을 던져 다른 사람에게 상해를 입혔을 때에 누가 던진 돌에 맞은 것인지를 알 수 없는 경우에도 가해자 전원의 공동책임이 인정된다. 교사・방조의 경우에도 마찬가지이다. 연대하여 책임을 진다는 것은 각자가 손해배상액 전부에 대해 책임을 진다는 의미이다.

6. 이른바 현대형 불법행위

(1) 자동차운행자의 책임

자동차사고로 인한 손해배상에 대하여 민법의 특별법으로서 민법에 우선하여 적용되는 『자동차손해배상보장법』이라는 법이 있다. 이 법은 자동차가 현대사회의 일상적인 위험원이 되면서 **책임보험** 가입의무를 규정하고 빈번하게 발생하는 자동차사고로부터 피해자를 보호하려는 필요성에서 제정되었다. 타인이 사상(死傷)한 경우에만 이 법이 적용되고, 물적 손해에 대해서는 민법이 적용된다. 이 법에서 자동차사고의 책임주체는 **운행자**, 즉 '자기를 위하여 자동차를 운행하는 자'이다. 운행이익과 운행지배라는 두 요소가 기준이 되며, 보통 소유자가 운행자가 된다. 이 법에서는 운행자의 면책사유[27]를 규정하고 운행자가 이를 증명하지 못하면

---

26) 민법 제408조는 "채권자나 채무자가 수인(數人)인 경우에 특별한 의사표시가 없으면 각 채권자 또는 각 채무자는 균등한 비율로 권리가 있고 의무를 부담한다."라고 규정하고 있다.

27) 운행자는 피해자가 승객인 경우에는 운전자의 과실 유무와 관계없이 승객의 고의

사고로 인한 손해를 배상할 책임이 있도록 규정하고 있다. 운행자가 면책사유를 증명하여야 하므로 민사소송법상 증명책임 분배원칙의 예외라고 할 수 있다.

(2) 의료과오책임

의료과오책임이란 의료행위 중에 의사 기타 의료인의 과실에 기하여 발생한 사고에 대한 배상책임을 말한다. 의료과오책임을 묻는 방법으로는 의사의 계약상 진료의무의 불이행으로 구성할 수도 있고, 불법행위로 구성할 수도 있다. 의료과오책임을 채무불이행책임으로 구성한다면, 채권자인 환자는 의사의 이행채무의 불완전함(의료행위의 부적절함)을 주장·증명하여야 하나, 의사가 환자에게 부담하는 진료채무는 질병의 치유와 같은 결과를 반드시 달성하여야 할 결과채무가 아니라 환자의 치유를 위하여 선량한 관리자의 주의의무를 가지고 현재의 의학수준에 비추어 필요하고도 적절한 진료조치를 다하여야 할 책무, 이른바 수단채무이므로 진료의 결과만을 가지고 바로 진료채무불이행사실을 추정할 수는 없다. 따라서 실무에서는 주로 불법행위에 기하여 손해배상을 청구하는 것이 일반적이다.

의료과오책임의 특징은 민법 제750조의 일반불법행위책임에 근거하되, 〈과실〉과 〈인과관계〉 증명이 완화된다는 점에 있다. 의료행위는 고도의 전문적 지식을 필요로 하는 분야이고 진료기록 등 증거방법 또한 의사가 독점하므로 의료 문외한인 일반인 환자가 의사의 과실 및 과실과 손해발생 사이의 인과관계를 완벽하게 증명한다는 것은 현실적으로 불가능에 가깝다. 따라서 실무에서는 의사의 과실과 인과관계를 추정하고 있다. 그

또는 자살행위로 사상하였음을, 피해자가 승객이 아닌 경우에는 자기와 운전자가 자동차의 운행에 주의를 게을리하지 않았고 제3자에게 고의 또는 과실이 있으며 자동차의 구조상 결함 또는 기능에 장해가 없었다는 것을 증명하여야 한다(자동차손해배상보장법 제3조).

러므로 의사가 면책되기 위해서는 과실 및 인과관계의 부존재를 반증(反證)으로서 제시하여야 한다.

한편, 의료행위는 일반적으로 환자의 신체에 대한 침습행위이므로 그 위법성을 조각하기 위해서는 환자 또는 그 보호자의 승낙이 필요하다. 그런데 승낙이 실질적인 의미를 갖기 위해서는 그것이 충분한 정보에 근거한 자기결정권의 행사이어야 한다. 환자는 헌법 제10조에서 규정한 개인의 인격 및 행복추구권에 의하여, 생명과 신체의 기능을 어떻게 유지할 것인지에 대하여 스스로 결정하고 의료행위를 **선택할 권리**를 보유한다. 따라서 환자는 스스로의 결정에 따라 의료진이 권유하는 진료를 동의 또는 거절할 권리가 있지만 의학지식이 미비한 상태에서는 실질적인 자기결정을 하기 어려우므로, 의료진은 환자의 증상, 진료의 내용 및 필요성, 예상되는 위험성과 함께 진료를 받지 않을 경우 예상되는 위험성 등 합리적인 사람이 진료의 동의 또는 거절 여부를 판단하는 데 중요하다고 생각되는 사항을 **설명할 의무**가 있다(의사의 설명의무). 한편 이러한 의료진의 설명은 의학지식의 미비 등을 보완하여 실질적인 자기결정권을 보장하기 위한 것이므로, 환자가 이미 알고 있거나 상식적인 내용까지 설명할 필요는 없고, 환자가 위험성을 알면서도 스스로의 결정에 따라 진료를 거부한 경우에는 특별한 사정이 없는 한 위와 같은 설명을 하지 않은 것에 대해 의료진의 책임을 물을 수는 없다. 그리고 이 경우 환자가 이미 알고 있는 내용인지는 해당 의학지식의 전문성, 환자의 기존 경험, 환자의 교육수준 등을 종합하여 판단한다.[28] 의사가 이러한 설명의무를 위반한 경우에 환자는 선택의 기회를 상실하여 자기결정권이 침해된 것에 대한 위자료 지급을 청구할 수 있다.

28) 대법원 2011. 11. 24. 2009다70906

(3) 환경오염책임

환경오염이란 '사업 활동 기타 사람의 활동에 의하여 발생하는 대기오염, 수질오염, 토양오염, 해양오염, 방사능오염, 소음, 진동, 악취 등으로서 사람의 건강이나 환경에 피해를 주는 상태'를 말한다(『환경정책기본법』 제3조 제4호). 1980년 헌법이 환경권을 기본권의 하나로 규정하면서(제35조) 환경권의 내용과 행사에 관한 사항은 법률에 유보되었다. 현행 환경정책기본법은 환경보전을 위한 행정법적 규율과 사법적 구제방법(손해배상청구)이 함께 규정되어 있다. 환경오염의 사법적 구제수단으로는 민법 제217조에 근거한 사전적 방법으로서 장래 발생할 오염을 방지하고 이미 존재하는 오염을 제거하기 위한 유지(留止)청구의 방법과 환경정책기본법에 근거한 사후적 방법으로서 이미 발생한 손해를 금전으로 배상받는 손해배상청구의 방법이 있다. 환경정책기본법상의 환경오염책임은 **무과실책임**이다(제31조). 즉, 사업장 등에서 발생되는 환경오염으로 인하여 피해가 발생한 경우에는 〈가해자의 고의 · 과실〉이 없더라도 손해를 배상하여야 한다.

환경오염피해와 관련하여서는 위법성과 인과관계 판단에서도 특수성이 있다. 〈위법성〉판단과 관련하여 환경오염으로 인한 침해는 가해자의 적법한 활동의 결과 필연적 · 부수적으로 발생하는 경우가 많기 때문에(예: 건물의 신축으로 인해 조망권 침해 또는 일조 방해 등), 피해의 정도가 사회통념상 수인한도를 넘어 피해를 줄 것이 요구된다. **수인한도**는 환경보전과 경제발전의 조화에 관한 정책적 고려, 피해자와 가해자 사이의 이익형량 및 피해발생장소의 지역성 등을 고려하여 판단하여야 한다.

한편, 〈인과관계〉의 증명이 완화되어 있다. 피해자로서는 가해자의 기업 활동에 대한 정보에 접근하기 어렵고, 환경오염피해는 현재의 과학수준으로도 해명할 수 없는 분야가 존재하기 때문이다. 그리고 오염물질이 장기간에 걸쳐 미량으로 배출되고 그것이 환경매개체인 물 · 공기 · 토양을 통해 피해자에게 도달하기 때문에 그 사이에 자연현상이나 추가적인 작용이 개입될 가능성도 있다. 이러한 상황에서 피해자로 하여금 가해행위와 손해발생 간의 인과관계의 고리를 모두 자연과학적으로 증명하라는 것은 지극히 부당하다. 따라서 민사소송법상의 증명책임분배원칙을 유지하면서 피해자를 두텁게 보호할 수 있는 방안이 여기서도 증명책임을 완화하는 방법으로 나타나고 있다. 이를테면, 공사장에서 배출되는 황토 등이 양식어장에 유입되어 농어가 폐사한 경우에 폐수가 배출되어 유입된 경로와 그 후 농어가 폐사하였다는 사실이 증명되었다면 개연성이론에 의하여 인과관계가 증명되었다고 볼 수 있다.[29] 이 때, 사업장 등이 면책되기 위해서는 반증을 들어 인과관계를 부정하여야 한다. 즉, 판례는 "수질오탁으로 인한 공해소송에서 ① 피고공장에서 김의 생육에 악영향을 줄 수 있는 폐수가 배출되고 ② 그 폐수 중 일부가 해류를 통하여 이 사건 김 양식장에 도달하였으며 ③ 그 후 김에 피해가 있었다는 사실이 각 모순 없이 증명된 이상 피고공장의 폐수배출과 양식 김에 병해가 발생함으로 말미암은 손해간의 인과관계가 일응 증명되었다고 할 것이므로, 피고가 ① 피고공장 폐수 중에는 김이 생육에 악영향을 끼칠 수 있는 원인물질이 들어 있지 않으며 ② 원인물질이 들어 있다 하더라도 그 해수혼합률이 안전농도 범위 내에 속한다는 사실을 반증을 들어 인과관계를 부정하지 못하는 한 그 불이익은 피고에게 돌려야 마땅하다."라고 판시하였다.[30]

(4) 제조물책임

제조물에 통상적으로 기대되는 **안전성**을 결여한 결함으로 인해 생

29) 대법원 1997. 6. 27. 95다2692
30) 대법원 1984. 6. 12. 81다558

명, 신체 또는 재산상 손해가 발생한 경우에는 그 결함 있는 제조물을 제조한 자가 그 손해를 배상할 책임을 진다. 예를 들어, 자동차 급발진 사고로 인해 행인이 자동차에 치여 사망한 경우, 제약회사가 만든 혈액제제(의약품)로 인해 혈우병환자가 에이즈를 일으키는 바이러스(HIV)에 감염된 경우, 집안에 있던 전기압력밥솥이 폭발하여 화재가 발생한 경우 등이다.

소비자와 직접적인 계약관계에 있지 않은 제조자에 대하여 제조물의 결함으로 인한 손해배상을 청구하기 위해서는 제조물책임은 불법행위책임으로 구성되어야 한다. 제조물책임에 관하여 민법의 특별법으로서 별도로 제정된 법이 『제조물책임법』 이다.

제조물책임법은 일반불법행위책임의 성립요건인 〈가해자의 고의 또는 과실〉 여부를 문제 삼지 않는다. 〈제조물의 결함〉으로 인하여 손해가 발생하면 제조자가 손해배상책임을 지는 **무과실책임**으로 규정되어 있다(제3조). 결함과 손해 발생 사이의 〈인과관계〉는 사실상 추정된다.

제조물책임법상 제조물의 **결함**은 세 유형으로 나뉜다. ① 제조물이 원래 의도한 설계와 다르게 제조·가공됨으로써 안전하지 못하게 된 경우(제조상의 결함), ② 제조물의 설계 자체에 결함이 있어서 제조물이 안전하지 못하게 된 경우(설계상의 결함), ③ 합리적인 설명·지시·경고 기타의 표시를 하지 않아서 위험이 초래된 경우(표시상의 결함)가 그것이다(제2호 제2호). 제조물책임의 주체는 결함 있는 제조자에 한정되는 것이 아니라 수입업자나 공급업자도 이에 포함된다.

제조자가 면책되기 위해서는 ① 당해 제조물을 공급하지 않았다거나 ② 당해 제조물을 공급할 때의 과학·기술 수준으로는 결함의 존재를 발견할 수 없었다거나(이른바 개발위험의 항변), ③ 제조물의 결함이 당해 제조물을 공급할 당시의 법령이 정하는 기준을 준수함으로써 발생하였다거나, ④ 원재료 또는 부품의 경우에는 당해 원재료 또는 부품을 사용한 제조물 제조업자의 설계 또는 제작에 관한 지시로 인하여 결함이 발생하였다거나 하는 사실을 증명하여야 한다. 그러나 제조자가 제조물을 공급한 후에 당해 제조물에 결함이 존재한다는 사실을 알거나 알 수 있었음에도 그 결함에 의한 손해의 발생을 방지하기 위한 적절한 조치를 하지 않은 경우에는 ② 내지 ④에 의한 면책을 주장하지 못한다(제4조).

손해배상의 범위에 관해서는 민법을 적용한다. 제조물책임법에서는 제조물 자체의 손해는 배상하지 않는다. 제조물의 안전성 결여로 인한 확대손해, 즉 생명, 신체, 제조물 외의 다른 재산에 대한 손해에 대해서만 배상한다. 손해배상청구권을 행사할 수 있는 기간도 제한된다. 피해자는 손해 및 책임의 주체를 안 날로부터 3년 이내, 제조물이 공급된 날로부터 10년 이내에 손해배상을 청구하여야 한다. 신체에 누적되어 사람의 건강을 해하는 물질에 의하여 발생한 손해 또는 일정한 잠복기간이 경과한 후에 증상이 나타나는 손해에 대해서는 그 손해가 발생한 날로부터 기산한다(제7조).

무과실책임을 인정하고 있는 제조물책임은 결함 있는 제조물의 위험을 소비자에게 알리고 이를 사전에 수거하는 리콜(recall)제도와 더불어 소비자의 안전을 확보하려는 소비자보호제도라고 할 수 있다(리콜제도에 관해서는 제3장 「계약과 소비자보호」 참고).

참고문헌

이상수, 교양법학강의, 필맥, 2010

지원림, 민법강의, 홍문사, 2011

제5장 혼인과 가족

1. 법은 왜 가족관계를 규율하는가?

가족관계의 핵심은 부부관계이며, 이는 혼인이라는 계약에 의해 성립한다. 호주를 중심으로 가(家)를 구성하던 호주제도는 양성평등이라는 헌법이념과 시대변화에 부합하지 않아 폐지되었다. 일반적으로 가족이란 부부와 미성년의 자(子)로 구성된 집단이다. 우리 민법은 배우자, 직계혈족 및 형제자매를 가족으로 보고, 나아가 직계혈족의 배우자, 배우자의 직계혈족 및 배우자의 형제자매도 생계를 같이 하는 한 가족의 범위 내에 두고 있다(제779조).

이와 같은 인간관계는 개인의 친밀하고 내밀한 사생활의 영역으로서 보호받아야 마땅하다. 각 가정마다 구성원의 개성이 서로 부딪히고 어울리면서 다양한 삶의 형태를 띠어야 한다. 여성의 발언권이 강한 가정도 있고 그렇지 않은 가정이 있으며, 친구와 같은 부모자식관계가 있는가 하면 그렇지 않은 부모자식관계도 있다. 누가 생활비를 부담할 것인지, 누가 설거지를 담당할 것인지와 같은 문제도 자연스럽게 발생하는 그 가정의 암묵적인 룰에 의해서 수행될 수 있으면 그만이다. 국가가 법에 의해 바람직한 가족관계의 방향을 규정한다는 것이 새삼 어색하게 느껴질지도 모른다.

그런데 현실에서는 "혼인과 가족생활은 개인의 존엄과 양성의 평등을 기초로 성립되고 유지되어야 하며, 국가는 이를 보장한다."라는 헌법 제36조의 규정 아래에서, 동성혼이 아닌 양성의 결합으로서의 혼인만이 인정되며, 그 결혼의 실체도 『가족관계의 등록 등에 관한 법률』이 정한 혼인신고에 의해 공시될 것을 권장하고 있다. 한편, 굳이 법이 개입하지 않아도 될 친밀한 가족관계에서도 제3자의 도움을 필요로 하는 문제가 종종 발생한다는 것을 알 수 있다. 이를테면, 부부의 한쪽이 이혼을 희망하지만 다른 한쪽이 이에 응하지 않는 경우, 고령의 부모를 누가 부양할 것인가를 놓고 형제자매간 다툼이 있는 경우, 상속을 둘러싸고 상속인간의 분쟁이 있는 경우 등이 그것이다. 이러한 분쟁을 해결하기 위해서는 먼저 대화가 이루어져야 하지만 타협이 안 될 때에는 제3자의 도움이 필요하다. 그러나 제3자가 제시한 해결안조차 당사자가 받아들이지 않는 경우가 있다. 그 때에는 그 사회에서 미리 정해 둔 원칙에 따라서 분쟁을 해결할 필요가 있다. 심지어 당사자간에 대화로 타협이 된 경우에도 당사자 중 한쪽에 너무나 가혹한 조건이 붙어 있다거나 잘못이 있는 당사자에게 유리하도록 해결이 된 경우에는 국가가 간섭하지 않을 수 없다.

이 장에서는 민법 제4편「친족」과 제5편「상속」에 해당하는 내용인 남녀간의 혼인과 이혼, 부모와 자녀간의 관계, 유언과 상속 등에 관하여 살펴보기로 한다.

2. 혼인

(1) 혼인의 요건

혼인은 남녀가 부부가 되는 것을 말한다. 민법에 의해 보호되는 혼인은 몇 가지 요건을 갖추어야 한다. 당사자간에 **혼인의사**가 **합치**되어야 하고(실질적 요건), **혼인신고**를 하여야 한다(형식적 요건). 혼인의사의 합치는 매우 중요하다. 혼인할 의사 없이 단순히 함께 사는 동거(同居)는 혼인의 효과가 발생하지 않는다. 당사자간에 혼인의 합의(合意)가 없는 때에는 **무효**가 된다(민법 제815조 제1호). 상대방의 허락 없이 일방적으로 혼인신고가 되었다면 이는 무효다. 혼인신고를 하는 것에만 합의하였을 뿐 실제 혼인할 의사가 없는 가장(假裝)혼인도 무효다. 또 혼인의 기간을 정한 계약결혼도 무효가 된다. 한편 사기결혼 또는 협박에 의해 이루어진 결혼은 취소할 수 있다. 단, 그 사기를 안 날 또는 강박을 면한 날로부터 3개월 이내에 혼인을 취소하여야 한다(제823조).

그 외에도 ① 혼인적령(만 18세)이 되어야 결혼할 수 있다. ② 미성년자(만 20세 미만, 2013. 7. 1.부터는 만 19세 미만)가 혼인할 때에는 부모의 동의 또는 미성년후견인의 동의를 얻어야 한다(제808조). ③ 민법이 정하고 있는 '혼인할 수 없는 관계'가 아니어야 한다. 민법은 과거 동성동본의 결혼을 금지하던 규정을 삭제하고(헌법재판소 1997. 7. 16. 95헌가6 등 헌법불합치결정), 8촌 이내 혈족 간의 혼인을 무효로 하는 것으로 변경하였다(제809조 제1항 및 제815조 제2호). 혈족에는 직계혈족(직계존속, 직계비속)과 방계혈족(형제자매)이 있고, 법률에 의해 혈족으로 인정되는 경우(양친자관계)도 있다. 민법상 친족이라 함은 배우자·혈족·인척을 말한다(제767조). 인척에는 혈족의 배우자, 배우자의 혈족, 배우자의 혈족의 배우자가 있다(제769조). 민법은 6촌 이내의 혈족의 배우자, 배우자의 6촌 이내의 혈족, 배우자의 4촌 이내의 혈족의 배우자인 인척이거나 이러한 인척이었던 자(제809조 제2항) 등의 사이에서도 혼인하지 못하는 것으로 규정하고 있다(단, 제816조 제1호에 의하여 혼인취소사유). ④ 중혼은 금지된다. 배우자 있는 자가 이중으로 혼인하지 못한다(제810조).

법률상 부부로서 보호받기 위해서는 반드시 혼인신고를 하여야 한다 **(법률혼주의)**. 혼인은 신고가 수리된 때 비로소 성립한다.

(2) 혼인의 효력

부부가 혼인하면 **친족**이 된다. 배우자 신분을 취득하고 인척관계(시부모와 며느리, 장인과 장모, 형부와 처제 관계 등)가 발생한다(민법 제777조). **동거 · 부양 · 협조의무**가 발생한다. 부당한 의무 위반은 악의의 유기(遺棄)로서 이혼원인이 된다(제840조 제2호). 단, 지방근무, 자녀유학 등 부부가 일시적으로 따로 살아야 할 정당한 이유가 있다면 예외이며, 생활비를 벌지 않는 전업주부라도 가사노동이나 육아 등을 담당하므로 결국 생활비를 공동 부담하는 것으로 인정할 수 있다. 부부는 서로 정조(貞操)를 지킬 의무가 있다. 배우자의 부정행위는 이혼원인이 되며(제840조 제1호), 형법상 간통죄로 처벌을 받는다. 혼인한 미성년자는 성년자로 본다(성년의제, 제826조의2). 따라서 미성년자라도 자기 자식에 대한 친권 행사가 가능하고 금전적인 거래를 하는 경우에도 부모(법정대리인)의 동의 없이 혼자서 할 수 있다.

부부 사이의 재산관계는 부부가 합의로 정할 수 있다(**부부재산계약**). 반드시 혼인신고 전에 합의하여 법원에 등기하여야 하며, 그 내용은 법원의 허가 없이 변경하지 못한다(제829조 제1항 및 제2항). 부부재산계약이 별도로 존재하지 않을 경우에는 법률의 규정에 따른다(법정재산제). 우리 민법은 **부부별산제(夫婦別産制)**를 채택하여 부부 각자의 재산을 인정하고 있다. 부부 중 일방이 혼인 전부터 가지고 있던 고유재산과 혼인 중 자기의 명의로 취득한 재산은 그 사람의 특유재산이 된다(제830조 제1항). 특유재산은 각자 관리, 사용, 수익, 처분할 수 있다(제831조). 그러나 누구의 재산인지 명확하지 않을 때에는 부부의 공유재산으로 추정된다(제830조 제2항). 생활비는 공동으로 부담하는 것이 원칙이지만(제833조), 아내가 사치품 등을 구매하여 진 빚이나 남편의 도박으로 인한 빚은 각자의 책임으로서 부부 각자가 갚아야 한다.

부부는 일상의 가사(家事)에 관하여 서로 대리권이 있다(**일상가사대리권**). 일상의 가사라 함은 부부와 그 자녀의 공동생활을 위하여 가정에서 필요로 하는 통상의 거래행위를 말한다. 그리고 부부의 일방이 일상의 가사에 관하여 제3자와 법률행위를 한 때에는 다른 일방은 이로 인한 채무에 대하여 연대책임을 진다(**일상가사채무의 연대책임**). 그러나 이미 제3자에게 다른 일방이 책임지지 않겠다는 점을 명시한 때에는 연대책임이 없다(제832조). 실례에서는 일상가사의 범위에 속하는지 여부가 주로 문제된다. 판례는 "부부공동체의 사회적 지위, 직업, 재산, 수입능력 등 현실적 생활상태뿐만 아니라 그 부부의 생활장소인 지역사회의 관습 등에 의하여 정하여지나, 당해 구체적인 법률행위가 일상의 가사에 관한 법률행위인지 여부를 판단함에 있어서는 그 법률행위를 한 부부공동체의 내부사정이나 그 행위의 개별적인 목적만을 중시할 것이 아니라 그 법률행위의 객관적인 종류나 성질 등도 충분히 고려하여 판단하여야 한다."라고 하였다.[31] 일반적으로 일용품의 구입, 광열비, 교육비, 의료비, 자녀양육비 등의 지출에 관한 사무를 일상가사의 범위에 속하는 것으로 볼 수 있다. 그러나 금전차용행위에 있어서는 일상적인 생활비로서 타당성이 있는 금액일 경우에 한하고, 금전의 융자나 가옥의 임대차, 직업상의 사무 등은 일상가사의 범위를 벗어나는 것이고, 그 경우에는 행위 당사자만이 책임을 질 뿐이다.

3. 사실혼

오늘날 사실혼(事實婚) 관계가 증가하면서 사실혼 관련 분쟁도 증가하고 있다. 사실혼이란 혼인신고 없이 남녀가 부부로 함께 사는 것을 말

---

31) 대법원 1999. 3. 9. 98다46877, 대법원 1997. 11. 28. 97다31229

한다. 혼인신고만 없다 뿐이지 실질적으로 부부가 되겠다는 혼인의사가 존재하고 부부공동생활을 인정할 만한 혼인생활의 실체도 존재한다는 점에서 우리가 흔히 이야기하는 동거(同居)와는 구별된다. 결혼식을 올리고 혼인신고가 늦어지고 있는 경우에도 사실혼이 존재하게 된다. 그러나 신혼여행 후 바로 별거로 들어간 경우에는 약혼단계는 이미 지났으나 부부공동생활의 실체가 없으므로 사실혼 정도로는 볼 수 없다. 물론 그러한 경우에도 일방 당사자의 책임 있는 사유로 파탄에 이른 경우라면 사실혼의 부당파기와 마찬가지로 정신적 손해배상청구는 가능하다.

사실혼은 혼인신고가 없다는 점에서 법률혼과 차이가 있을 뿐이므로 법은 일정 범위 내에서 사실혼을 법률혼과 마찬가지로 보호해 주고 있다. 이를테면 부부공동생활을 전제로 하는 효과, 즉 일상가사대리, 일상가사채무의 연대책임, 재산분할청구권 등이 인정된다. 『공무원연금법』, 『군인연금법』에서는 사실혼 배우자를 법률상 배우자와 동등하게 취급하고 있다. 『주택임대차보호법』에서는 사실혼의 배우자 일방이 사망한 경우에 사실혼의 다른 배우자에게 주택임차권의 승계를 인정해 준다. 그러나 무효인 사실혼은 보호받을 수 없다. 중혼적 사실혼이라고 하여 법률상 배우자 있는 사람이 다른 사람과 사실혼을 맺은 경우(예: 첩을 두는 것)은 일부일처제 및 미풍양속에 반하므로 아무리 부부로서 동거하고 있더라도 사실혼으로서 보호받지 못한다. 사실혼 관계 중 자녀가 태어난 경우에 그 자녀는 '혼인 외(外)의 자'가 되어 원칙적으로 모(母)가 단독친권을 행사하게 된다. 만약 사실혼 부부가 헤어지면서 아직 출생신고를 하지 않은 미성년의 자녀에 대한 양육문제가 협의되지 않는 경우에는 먼저 임의인지 또는 강제인지(인지청구의 소)의 방법으로 자녀를 그 남자(父)의 자식으로 인지하도록 한 후 법원에 친권행사자 및 양육권자 지정을 신청할 수 있다. 부(父)가 자식을 인지한 경우에 그 자(子)는 아버지와의 법률상 친자관계가 인정되어 부(父)가 부양의무를 질 수 있기 때문이다. 한편, 사실혼의 경우에 혼인신고를 전제로 한 법률효과는 인정되지 않는다. 『가족관계의 등록 등에 관한 법률』 에 의한 가족관계등록부에 기록되지 않기 때문에 친족관계가 발생하지 않는다. 사실혼 관계에 있는 자가 다른 사람과 혼인하더라도 중혼이 되지 않는다. 또 다른 배우자의 부정행위에 대하여 간통죄로 형사 고소를 할 수 없다. 그리고 사망한 배우자의 재산을 상속받지 못하며, 성년의제가 되지 않는다. 사실혼관계는 사실상의 관계를 기초로 하여 존재하는 것이므로 법은 일정한 보호만 할 뿐 구속력을 인정하지 않는다. 당사자 일방의 의사에 의하여 해소될 수 있고, 당사자 일방의 파기로 인하여 공동생활이 없게 되면 사실혼관계는 해소된다. 따로 이혼신고를 할 필요가 없다. 다만 혼인에 준하는 관계이므로 한쪽 배우자가 이를 부당하게 파기한 때에는 상대방에 대하여 손해배상(위자료)의 책임을 진다. 사실혼관계 부당 파기로 인한 위자료청구, 자녀의 인지청구, 친권행사자 및 양육권자 지정 청구와 양육비 청구는 사실혼관계를 파기한 사람의 주소지에 있는 가정법원에 제기하면 하나의 소송절차에서 해결되어 편리하다.

만일 사실혼관계가 성립하고 있는데 일방이 혼인신고에 협력하지 않아 신고를 못하고 있는 경우에는 소송(사실상혼인관계존재확인의 소)을 통해 사실혼관계에 있음을 확인받아 혼인신고를 할 수 있다. 사실혼관계존재확인의 재판이 확정된 경우에는 재판의 확정일로부터 1개월 이내에 재판서의 등본 및 확정증명서를 첨부하여 혼인신고를 하여야 한다(가족관계의등록등에관한법률 제72조).

4. 친자관계

부모와 자녀의 결합(친자관계)의 중요한 효과는 친권 · 부양 · 상속이다. 친자관계는 자연적인 혈연관계가 주를 이룬다. 그러나 법에 의해 친생자관계가 의제되는 법정친자관계도 있다. 전자를 **친생자(親生子)**라고 하고, 후자를 **양친자(養親子)**라고 한다.

친생자는 혼인관계에 있는 부모 사이에서 출생하였는지 여부에 따라 혼인 중(中)의 출생자와 혼인 외(外)의 출생자로 구분이 된다. 그리고 **혼인 중의 출생자**는 친생추정(親生推定)을 받는 경우와 그렇지 않는 경우가 있다. 자식이 태어났을 때 모자관계는 기아(棄兒)와 같은 특별한 경우가 아닌 한 분만이라는 생리적인 사실에 의해서 명백히 알 수 있으므로 자의 출생과 동시에 친자관계가 발생한다. 반면에 태어난 아이의 부를 입증하는 것은 늘 쉬운 것만이 아니다. 민법은 처(妻)가 혼인 중에 포태한 자는 부(夫)의 자로 추정하고, 다시 혼인이 성립한 날로부터 200일 후 또는 혼인관계가 종료된 날로부터 300일 이내에 출생한 자는 혼인 중에 포태한 것으로 추정한다(제844조). 이를 **친생추정**이라고 한다. 이는 강력한 추정이므로 만일 부 또는 처가 친생자임을 부정하기 위해서는 다른 일방 또는 자를 상대로 소송을 제기해야만 한다(제847조). 즉, **친생부인(親生否認)**의 소(訴)를 통해서 자신이 '친생자(혼인 중의 출생자)로 추정을 받는 자'의 부 또는 모가 아니라는 것을 증명하여 친자관계를 부인하여야 한다. 반대로 자식이 부 또는 모를 상대로 친생부인의 소를 제기할 수는 없다.

혼인관계가 없는 남녀 사이에서 출생한 자를 **혼인 외의 자(혼외자)**라고 한다. 예를 들어 부모가 사실혼 관계나 첩 관계인 때, 또는 부모의 혼인이 무효인 때에 출생한 자 등이다. 혼인 외의 출생자는 그 생부가 이를 **인지(認知)**하여야 친자관계가 발생한다. 물론, 특별한 경우에는 생모도 인지하여야 모자관계가 발생한다. 인지란 자기의 자임을 인정하는 것이다. 인지에는 부 또는 모가 임의로 하는 경우(임의인지)와 재판에 의하여 강제되는 경우(강제인지)가 있다. 부 또는 모가 사망한 때에는 그 사망을 안 날로부터 2년 내에 검사를 상대로 인지청구의 소를 제기할 수 있다(제864조). 인지는 그 자의 출생 시에 소급하여 효력이 생긴다. 인지로 인하여 친자관계가 성립되어 친권 · 부양 · 상속 관계가 발생한다. 예를 들어, 인지에 의하여 부는 자가 출생한 때로부터 자에 대하여 부양의무를 부담한다. 부양료는 부모의 자력에 따라 분담하되, 모는 인지 시까지 자신이 부담해 온 부의 부양료에 대해 부당이득으로 그 반환을 청구할 수 있다.

생명과학기술의 발달에 따라 '인공수정, 체외수정 대리모 등에 의해 출생한 자의 부모를 누구로 할 것인가'라는 문제가 생기고 있다. 불임치료에서 (1) 부 이외의 정자를 처의 자궁 내에 주입하는 인공수정이 이루어질 때 정자제공자와 자의 관계를 어떻게 할 것인지, (2) 제3자의 난자와 부의 정자를 체외수정하여 처의 자궁 내에 이식하여 출산한 자와 난자제공자의 관계를 어떻게 할 것인지, (3) 부의 정자와 처의 난자를 체외수정하고 제3자(대리모)의 자궁 내에 이식하여 출산한 자와 제3자(대리모)와의 관계를 어떻게 할 것인지 등이 문제된다.

부의 정액을 처의 자궁 내에 주입하는 배우자간 인공수정(AIH, Artificial Insemination by Husband)의 경우는 크게 문제될 것이 없다. 단, 부의 정액을 냉동보존하였다가 부의 사후에 이를 사용하여 자를 출산한 경우가 문제될 수는 있다. 참고로, 현행 『생명윤리 및 안전에 관한 법률』 (이하 생명윤리법)은 사망한 자의 정자와 수정시키는 행위를 금지하고 있다(제13조 제2항 제2호, 제51조). (1)의 경우, 즉 비배우자간 인공수정(AID, Artificial Insemination by Donor)의 경우에서는 부의 동의가 있는 경우와 없는 경우로 나누어 볼 수 있다, 인공수정시술이 부의 동의하에 이루어졌다면 인공수정자는 부의 친생자추정을 받는 혼인 중의 자가 되고, 정자제공자와의 친자관계는 성립하지 않는다고 본다. 이 때 부는 친생부인의 소를 제기할 수 없다(신의칙). 그러나 부의 동의가 없었다면 일단 인공수정자는 친생자추정을 받는 혼인 중의 자가 되고 부의 친생부인소송의 대상이 된다고 본다. 그렇다고 해서 정자제공자와의 친자관계도 인정할 수 없다는 견해가 다수이다. 반면, 불임의 원인이 처에게 있는

(2)(3)의 경우, 전통적인 가족법의 입장에서는 '출산'에 의해 모자관계가 발생하므로 난자제공자와 체외수정자(시험관아기)와의 친자관계는 존재하지 않는다고 본다. 수정란 혹은 배아 관련 시술이 갖는 고도의 윤리성 문제로 인해 대부분의 국가에서는 인공보조생식에 관한 규정이나 가이드라인을 설정하여 대응하고 있으나, 우리나라에서는 생명윤리법에서 배아생성에 관한 규정을 두고 있을 뿐, 부성 및 모성의 결정에 관해서는 아무런 규정을 두고 있지 않다.

일반적으로 자녀는 부의 **성(姓)**과 **본(本)**을 따른다. 그러나 부모가 혼인신고시에 모의 성과 본을 따르기로 협의한 경우에는 모의 성과 본을 따르고(제781조 제1항), 부를 알 수 없는 자녀는 모의 성과 본을 따른다(같은 조 제3항). 그리고 부와 모를 알 수 없는 자녀는 법원의 허가를 받아 성과 본을 창설하기도 한다(같은 조 제4항). 혼인 외의 출생자가 인지된 경우에 자녀는 부모의 협의에 의해 또는 법원의 허가를 받아 종전의 성과 본을 계속 사용할 수 있다(같은 조 제5항). 인지 전에 모의 성과 본을 사용하면서 상당한 기간 생활해 온 자녀 입장에서는 인지에 의해 성과 본이 바뀌게 되면 많은 어려움과 불편함을 겪게 될 수 있다. 이와 같은 문제점을 방지하기 위하여 혼인 외의 출생자가 인지된 경우에 인지 전에 사용했던 성과 본을 계속 사용할 수 있도록 하였다.

자연적인 혈연관계가 없는 경우에도 **입양**이 성립되면 법에 의하여 친생자관계가 의제된다. 입양이 성립하기 위해서는 양부모와 양자 사이에 입양을 합의하고 신고하여야 한다. 양자의 성은 변경되지 않는다. 양자는 원칙적으로 양부모의 가족관계등록부에 자녀로 기재되고 이를 기초로 친족관계가 성립한다. 그러나 종전에 맺어져 있던 생부모와의 친족관계 역시 그대로 유지된다. 반면에 2008년부터 시행된 **친양자** 제도[32]에서는 입

32) 친양자를 입양하려면 ① 3년 이상 혼인 중인 부부로서 공동입양을 하여야 하고 (다만, 1년 이상 혼인 중인 부부의 일방이 그 배우자의 친생자를 친양자로 하는

양 전의 친족관계가 소멸한다(제908조의3). 친양자는 출생한 때부터 양부모의 혼인 중의 출생자로 간주되기 때문에 양부의 성과 본을 따를 뿐만 아니라 가족관계등록부에도 양친의 친생자로 기재된다. 보통의 입양과는 달리 친양자 입양은 법원의 선고(허가)에 의해서만 성립한다. 입양관계는 파양에 의해서 해소된다.

부모는 미성년자의 **친권자**로서 자녀를 보호하고 교양할 권리·의무가 있다(제913조). 양자는 친생부모의 친권을 벗어나 양부모의 친권에 복종한다(제909조 1항). 친권의 효력은 미성년인 자녀의 신분 및 재산 모두에 미친다. 친권자는 자녀의 재산을 관리하고 법률행위에 대한 대리권 또는 동의권을 가지며, 혼인 등 자녀의 신분행위에 대해서도 부모로서의 동의권을 가진다. 그 외에도 자녀의 양육권의 내용으로서 거소지정권, 징계권, 부당하게 자녀를 억류하는 자에 대한 인도청구권을 가진다. 친권은 부모가 혼인 중인 때에는 원칙적으로 부모공동으로 행사하되(같은 조 제2항), 부모의 일방이 친권을 행사할 수 없을 때에는 다른 일방이 이를 행사한다(같은 조 제3항). 친권을 행사함에 있어서는 자녀의 복리를 우선적으로 고려한다(제912조). 한편, 친권자가 친권을 남용하거나 현저한 비행 기타 친권을 행사할 수 없는 중대한 사유가 있는 때에는 법원의 선고에 의해 친권이 박탈될 수 있다(**친권상실제도**). 그러나 친권상실의 원인이 소멸한 때에는 본인 또는 친족의 청구에 의하여 법원은 실권회복을 선고할 수 있다(제926조). 또, 2013. 7. 1.에 시행될 개정민법에 의하면 단독 친권자로 정해져 있던 부모의 일방이 사망한 경우에 부 또는 모, 미성년자, 미성년자의 친족은 생존하는 부 또는 모를 친권자로 지정해 줄 것을 가정법

경우는 예외), ② 친양자로 될 자가 15세 미만이어야 하고, ③ 친양자로 될 자의 친생부모가 친양자 입양에 동의하여야 한다(제908조의2 제1항). 친양자를 입양하고자 하는 사람은 친양자 입양 재판의 확정일부터 1개월 이내에 재판서 등본 및 확정증명서를 첨부하여 입양신고를 하여야 한다(가족관계의등록등에관한법률 제67조).

원에 청구할 수 있다(제909조의2 제1항). 이 때 가정법원은 생존하는 부 또는 모의 양육의사 및 양육능력, 청구 동기, 미성년자의 의사, 그 밖의 사정을 고려하여 미성년자의 복리를 위하여 적절하지 아니하다고 인정하면 청구를 기각할 수 있으며, 이 경우에는 직권으로 조부모 등 적합한 사람으로 **미성년후견인** 등을 선임하여야 한다(같은 조 제4항). 따라서 단독 친권자가 사망하거나 친권을 상실하더라도 이혼한 전 배우자의 친권이 자동부활하지 않는다. 2008년 연예인 최진실의 사망과 관련하여 제기되었던 전 배우자의 친권 자동부활의 문제점이 이와 같이 개선되었다(일명 '최진실법').

[감정서] 생물학적 친자관계 확인을 위한 DNA감정

감 정 서

○○대학교 의과대학 법의학교실 교수 △△△는 1과 2로부터 친자감정을 의뢰받고 검사를 실시하여 그 결과를 아래와 같이 회보합니다.

- 아 래 -

1. 피감정인
   가. 1 (주민등록번호 : 170511 - 2××××××)
   나. 2 (주민등록번호 : 480622 - 1××××××)

2. 감정사항
   1이 2의 친모인지 여부

3. 감정방법
   D1S80, D3S1744, D3S2406, D4S2368, D5S818, D6S1043, D7S821, D9S925, D12S391, D13S317, D17S5, D19S253, D21S11, TC-11, TPOX, CSF1PO, vWA, ATA28C05, DXS6797, DXS6804, DXS7133, DXS9898, GATA144D04 유전

자 검사에 의한 친자감정

4. 검사결과 (F3539)

피감정인	D1 S80	D3 S1744	D3 S2406	D4 S2368	D5 S818	D6 S1043
1	30-23	17-16	39-32	12-12	12-11	18-14
2	30-30	17-13	39-32	12-10	12-10	18-19

피감정인	D7 S821	D9 S925	D12 S391	D13 S317	D17 S5	D19 S253
1	16-12	18-17	19-18	08-10	06-04	11-07
2	16-16	18-17	19-22	08-11	06-07	11-10

피감정인	D21S11	TC-11	TP0X	CSF1P0	vWA
1	30-33.3	09-09	11-10	12-10	16-18
2	30-31.3	09-06	11-11	12-11	16-19

피감정인	ATA2 8C05	DXS6 797	DXS6 804	DXS7 133	DXS9 898	GATA 144D04
1	11-10	21-23	13-14	11-10	10-10	09-09
2	11	21	13	11	10	09

주. 1과 2의 검사결과 중 빨간 색으로 표시된 인자는 이들이 공유하는 인자임.

5. 감정

상기 검사결과를 보면 1과 2는 모든 유전좌에서 공유인자를 가지고 있다. 이들이 공유하는 인자를 2의 모성인자로 보면 1은 2의 모성인자를 가지고 있으므로 1은 2의 친모가 될 수 있다. 이때 2가 1의 친자가 될 비교확률(Relative Chance of Maternity)을 검사가 시행된 유전자의 대립유전자 발현빈도에서 산출해 보면 99.9999999999996%이다.

상기와 같이 감정합니다.

2012. 5. 10.

○○대학교 의과대학 법의학교실

교 수 △△△ (인)

5. 이혼(혼인의 해소)

(1) 이혼의 유형

혼인은 배우자의 사망이나 이혼에 의해 해소된다. 이혼의 유형에는 협의이혼과 재판상 이혼이 있다.

협의이혼은 부부가 합의로 이혼하는 경우이다. 당사자간에 이혼의사가 합치하고(실질적 요건), 이혼신고가 이루어지면(형식적 요건) 이혼이 성립된다. 이혼의 원인은 묻지 않는다. 다만 이혼신고에 일정한 절차가 필요할 뿐이다. 혼인신고와 달리 가정법원은 당사자 쌍방을 출석시켜 이혼의사가 진정한 것인지를 확인한다. 축출이혼을 방지하기 위하여 인정된 제도이다. 가정법원의 확인이 없는 이혼신고는 수리되더라도 무효이다. 법원에 이혼의사확인 신청을 하면 자녀가 있는 경우에는 3개월 이후, 그렇지 않은 경우에는 1개월 이후에 이혼의사 확인을 받을 수 있다(제836조의2). 경솔한 이혼을 방지하기 위해 마련된 **이혼숙려기간**이다. 이 기간 이후 법원의 확인을 받고 그 확인서를 첨부해 3개월 이내에 이혼신고를 하여야 한다. 이혼도 혼인처럼 신고가 수리된 때 비로소 성립한다. 만약 이 3개월을 경과하면 법원의 확인은 무효가 되므로 다시 절차를 밟아야 한다. 실제로 이혼할 의사 없이 강제집행의 회피 기타 다른 목적을 위해 허위로 이혼신고를 한 경우에 이를 유효한 것으로 볼 것인가 하는 문제가 있다. 가장(假裝)이혼의 경우에도 판례는 일시나마 법률상 적법한 이혼을 할 의사가 있었다면 그 이혼은 유효한 것으로 보았다.[33] 앞서 가장혼인이 실질적 의사설을 취하였다면 가장이혼은 형식적 의사설을 취하고 있다.

재판상 이혼은 법원의 판결에 의한 이혼이다. 이혼의 원인이 있음에도 불구하고 일방이 이혼에 합의하지 않는 경우에 이용되는 제도이다. 재

---

33) 대법원 1981. 7. 28. 80므77

판상 이혼을 청구하기 위해서는 당사자에게 이혼의 귀책사유가 있어야 한다. 재판상 이혼원인은 민법 제840조에 나열되어 있다. 구체적인 예로서 ① 배우자의 부정한 행위, ② 배우자의 악의(惡意)의 유기, ③ 배우자 또는 그 직계존속에 의한 심히 부당한 대우, ④ 자기의 직계존속에 대한 배우자의 심히 부당한 대우, ⑤ 배우자의 3년 이상의 생사불명이다. 그 외에도 상대방의 귀책사유를 묻지 않는 추상적 이혼원인으로서 ⑥ 기타 혼인을 계속하기 어려운 중대한 사유가 규정되어 있다. 여기서, ① 배우자의 부정한 행위는 간통을 포함하는 넓은 개념이다. 혼인 후의 행위만이 해당된다. 자유로운 의사에 의한 행위여야 하므로 강도강간의 경우는 해당되지 않는다. ② 악의의 유기는 정당한 이유 없이 서로 동거・부양・협조하여야 할 부부의 의무를 포기하고 가출을 하거나 상대방을 내쫓거나 생활비를 지급하지 않는 경우이다. ③ 배우자 또는 그 직계존속에 의한 심히 부당한 대우는 예컨대, 시어머니가 며느리를 학대한 경우, 남편이 아내를 폭행하거나 중한 모욕을 준 경우, 아내가 남편을 간통죄로 허위 고소한 경우, 아내가 남편을 정신병자로 몰아 병원에 강제로 입원시킨 행위 등이다. 반면에, ④ 직계존속에 대한 배우자의 심히 부당한 대우는 며느리가 치매에 걸린 시부모를 학대한 경우 등을 들 수 있다. 생존은 판명되고 있으나 부재하고 있는 경우는 악의의 유기의 문제로서 ⑤ 3년 이상의 생사불명의 경우에는 해당하지 않는다. 마지막으로 ⑥ 혼인을 계속하기 어려운 중대한 사유라 함은 혼인관계가 돌이킬 수 없을 정도로 파탄(破綻)에 빠진 경우이다. 예를 들어, 가정주부가 가사를 등한시하고 계에 빠져 가정경제를 위태롭게 하여 가정이 파탄된 경우이다. 남편의 방탕, 가정주부의 지나친 사치, 거액의 도박, 난치의 정신병, 알콜중독, 마약, 성불능 등이다. 단순한 신앙의 차이는 해당되지 않지만 신앙의 차이로 인하여 이미 반목이 된 경우는 해당될 수 있다. 자식은 혼인생활의 본질적 요소가 아니므로 임신불능은 여기에 해당되지 않는다. 마지막 이혼원인은 **파탄주의**에 입각해 있다. 부부간의 애정과 신뢰를 바탕으로 한 공동생활관계가 회복할 수 없을 정도에 이른 객관적 사실이 있고, 그 혼인생활의 계속을 강요하는 것이 일방 배우자에게 참을 수 없는 고통이 되는 것이다.

재판상 이혼에서 **유책배우자**가 무책배우자를 피고로 해서 이혼을 청구할 수 있을까? 판례는 혼인생활의 파탄에 대해 주된 책임이 있는 배우자의 이혼청구는 원칙적으로 허용하지 않는다.[34] 유책배우자의 이혼 청구는 혼인제도가 요구하고 있는 도덕성에 근본적으로 배치된다. 또 배우자 일방의 의사에 의한 축출이혼을 시인하는 부당한 결과가 되므로 이혼을 원하지 않는 무책배우자의 의사에 반하여 이혼할 수 없다. 한편, 남편이 아내를 학대하여 축출하고 다른 여자와 살고 있던 중에 축출된 처가 일시적으로 다른 남자와 간통한 경우에도 이를 이유로 한 남편의 이혼 청구는 배척되어야 한다. 파탄을 야기한 것이 일방의 책임 있는 사유에 의한 경우에는 설령 그 후에 상대방에게 이혼사유가 될 만한 잘못이 있더라도 그것이 청구인의 귀책사유에서 비롯된 것이라면 그 잘못을 탓할 수 없다. 반면, 판례는 상대방도 그 파탄 이후에 혼인을 계속할 의사가 없음이 객관적으로 명백한데도 그 상대방이 **오기**나 **보복적 감정**에서 이혼에 응하지 않고 있을 뿐인 경우 등 특별한 사정이 있는 경우에는 예외적으로 유책배우자의 이혼청구를 허용하고 있다.[35] 즉, 단순히 오기나 보복적 감정에서 표면적으로 불응하고 있을 뿐 실제에서는 혼인의 계속과는 도저히 양립할 수 없는 행위를 하는 경우에는 상대방에게도 이혼할 의사가 명백한 것으로 보아 유책배우자의 이혼청구를 인용할 수 있다.

우리 『가사소송법』 은 재판이혼에 관하여 **조정전치주의**를 채용하고 있다. 재판이혼의 심판을 청구하기 위해서는 먼저 법원에 조정을 신청하지 않으면 안 된다(제2조 제1항 나류 4호 및 제50조). 그리고 조정으로

34) 대법원 1999. 2. 12. 97므612
35) 대법원 2004. 9. 24. 2004므1033

당사자가 이혼에 합의하면 이를 조서에 기재함으로써 확정판결과 동일한 효력이 있기 때문에 이혼이 성립한다. 물론 이혼신고를 하여야 하지만 협의이혼의 경우와 달리 창설적 신고가 아니라 보고적 신고에 지나지 않는다. 조정이 결렬된 경우에는 재판을 통해 판결을 받게 된다. 재판상 이혼은 그 선고가 있을 때 효력이 발생한다.

(2) 이혼의 효력

협의이혼이든 재판상 이혼이든 이혼의 효력은 동일하다. 일단 부부관계가 해소되고, 부부로서의 권리·의무가 소멸한다. 혼인으로 생긴 인척관계도 소멸한다.[36]

이혼하는 부부는 **재산분할청구권**을 갖는다. 이혼한 자의 일방은 다른 일방에 대하여 재산분할을 청구할 수 있다(민법 제843조 및 839조의2 제1항). 부부 중 누구의 명의로 되어 있건 간에 쌍방이 협력하여 이룩한 실질적인 부부의 공동재산을 청산하려는 데 그 목적이 있다. 종전에는 이혼시 재산관계 청산은 주로 위자료로써 해결해 왔으나 민법은 별도로 재산분할청구권 규정을 두고 있다. 판례도 위자료청구권과 재산분할청구권은 그 성질을 달리하기 때문에 위자료청구와 함께 재산분할청구를 할 수도 있고, 혼인 중에 부부가 협력하여 이룩한 재산이 있는 경우에는 혼인관계의 파탄에 책임이 있는 배우자라도 재산의 분할을 청구할 수 있다고 한다.[37] 분할(청산)의 대상이 되는 재산은 혼인 중에 함께 노력해서 형성한 재산이다. 혼인 전부터 각자 소유하고 있던 재산, 일방이 상속·증여로 취득한 재산 등 특유재산은 원칙적으로 분할의 대상이 아니다. 단, 그 특유재산의 유지 및 감소 방지에 기여한 정도가 클 경우에는 분할이 가능하

36) 혼인이 해소되는 또 하나의 원인인 배우자 사망의 경우에는 인척관계가 그대로 존속하고, 생존배우자가 재혼한 때에 한하여 소멸한다.

37) 대법원 1993. 5. 11. 자 93스6

다.[38] 부부별산제 하에서 혼인 중에 부부 일방의 재산을 유지하거나 증가시키는 데에 다른 일방이 기여한 몫이 있다면 그 몫을 청산해 주는 것이다. 아내가 전적으로 가사에 종사한 경우에도 내조를 통하여 남편의 재산을 유지하거나 증가시키는 데 기여하였다면 재산분할을 인정할 수 있다. 맞벌이 부부의 경우 각각 50%로 인정되는 경우가 많고, 전업주부의 경우에는 3분의 1 내지 50% 정도가 인정되고 있다. 이혼 당시에 이미 수령한 퇴직금은 분할의 대상이 된다. 그러나 직장퇴직일과 수령할 퇴직금이 확정되었다는 등의 특별한 사정이 없는 한 장래에 받을 퇴직금은 분할대상에 포함시킬 수는 없다.[39] 단 분할액수를 정함에 있어서 참작할 수 있다. 이혼 소송 후 부부일방이 퇴직하여 퇴직금을 수령하였고 재산분할청구권의 행사기간(이혼한 날로부터 2년)이 경과하지 않았으면 수령한 퇴직금 중 혼인한 때로부터 위 기준일까지의 기간 중에 제공한 근로의 대가에 해당하는 퇴직금 부분은 분할의 대상이 된다.[40] 법원은 재산분할의 대상을 직권으로 조사할 수 있다(직권탐지주의). 사실혼 기간 중 공동으로 마련한 재산도 재산분할이 인정된다. 재산분할에 관하여 협의가 되지 않거나 협의할 수 없는 때에는 가정법원은 당사자의 청구에 의하여 당사자 쌍방의 협력으로 이룩한 재산의 액수 기타 사정을 참작하여 분할의 액수와 방법을 정한다(제839조의2 제2항). 재산분할은 증여가 아니므로 증여세가 부과되지 않는다.[41]

이혼에 잘못이 없는 배우자는 잘못이 있는 배우자에게 **손해배상청구권**을 가진다. 협의이혼에서는 당사자가 협의하여 위자료 액을 정하면 된다. 재판상 이혼의 경우에 이혼피해자는 과실 있는 상대방에 대하여 재산

38) 대법원 1996. 2. 9. 94므635
39) 대법원 2002. 8. 28. 2002스36, 대법원 1998. 6. 12. 98므213, 대법원 1997. 3. 14. 96므1533
40) 대법원 2000. 5. 2. 2000스13
41) 헌법재판소 1997. 10. 30. 96헌바14

상 손해와 정신적 고통에 대한 손해배상을 청구할 수 있다(제843조 및 제806조). 유책배우자에 대한 위자료 액을 산정할 경우에는 유책행위에 이르게 된 경위와 정도, 혼인관계 파탄의 원인과 책임, 배우자의 연령과 재산상태 등 변론에 나타나는 모든 사정을 참작하여 법원이 직권으로 정한다.[42)]

자녀에 대한 관계는 이혼으로 영향을 받지 않는다. 부자관계 및 모자관계에서의 상속권이나 부양의무는 그대로이다. 자녀의 성과 본에도 변동이 없다. 혼인 중에 포태한 자는 이혼 후에 출생하더라도 역시 부모의 혼인 중의 출생자가 된다. 자녀의 친권자나 양육권자를 누구로 정할 것인지는 당사자간의 협의에 의한다. 친권은 부모가 공동으로 행사하는 것이 원칙이다. 그러나 부모가 이혼하면 공동양육이 어렵게 되고 상호 감정적인 대립이 따르기 마련이므로 친권을 공동으로 행사하는 것은 자녀의 원만한 성장과 복지를 위해 부적절할 수 있다. 그래서 공동친권은 단독친권으로 바뀌게 된다. 부모의 협의로 친권을 행사할 자를 정하고 협의가 이루어지지 않은 경우에는 법원이 결정한다. 친권의 개념이 관념적이라면 양육의 개념은 현실적이다. 양육권자의 결정은 공동양육이 어려워진 상황에서 누가 자식을 데려가서 키우는가의 문제이다. 역시 이혼시에 부모의 협의에 의하고, 협의가 안 되면 법원이 결정한다(제837조 제1항 및 제4항). 양육권자를 결정할 때에는 양육비와 면접교섭권에 관해서도 함께 논의되어야 한다(같은 조 제2항). 양육자인 부모 중 일방은 다른 일방에 대하여 양육비를 청구할 수 있다. 자녀를 직접 양육하지 않는 부모의 일방은 면접교섭권을 가진다(제837조의2 제1항). **면접교섭권**은 양육자권가 아니기 때문에 현실적으로 자녀를 보호 · 양육하고 있지 않는 부모의 일방이 그 자녀와 직접 만나거나 편지, 전화 등의 방법을 통해 자녀를 접촉할 수 있는 권리이다. 자녀를 양육하지 않는 부모의 일방이라도 자녀를 접촉하고

---

42) 대법원 1981. 10. 13. 80므100, 대법원 2004. 7. 9. 2003므2251

싶은 것은 자연의 이치이다. 면접교섭권은 부모에게 주어진 양도할 수 없는 고유한 권리이다. 현대 가족법상 가장 핵심원칙인 '자녀의 복리'를 위해서도 이러한 접촉은 필요하다. 반면, 심리학이나 정신분석학의 입장에서는 친권이나 양육권이 없는 부모에게 면접교섭권을 인정하는 것이 자녀에게 반드시 이로운 것만은 아니라고 한다. 자녀의 건전한 육성을 위해서는 부모와 자녀의 애정관계가 안정된 계속성을 가질 필요가 있는데, 이혼 후 면접교섭을 인정하면 직접 양육하고 있지 않는 부 또는 모가 단편적이고 일시적으로 자녀와 접촉하게 됨으로써 이러한 계속성이 파괴되므로 바람직하지 않다고 한다. 법원은 자녀의 복리를 위하여 필요한 때에는 당사자의 청구 또는 직권에 의해 면접교섭을 제한하거나 배제할 수 있다(같은 조 제2항). 교섭권은 양육권을 침해해서는 안 된다.

[판결문] 컴퓨터 채팅으로 가정유기는 이혼사유

서 울 가 정 법 원

판 결

사 건 2002드단55413 이혼 등
원 고 양○○
피 고 노○○
사건본인 양△△ 外 1人
변론종결 2002. 11. 12.
판결선고 2002. 12. 3.

주 문

1. 원고와 피고는 이혼한다.
2. 피고는 원고에게 위자료로 금20,000,000원을 지급하라.
3. 원고의 나머지 위자료 청구를 기각한다.
4. 사건본인들에 대한 친권행사자로 원고를 지정한다.
5. 제2항은 가집행할 수 있다.

청구취지

위자료로 금30,000,000원을 구하는 것을 제외하고는 주문과 같다.

이 유

1. 기초사실

가. 원고와 피고는 1998. 4. 경 처음 만나 교제하다가 피고가 사건본인 양△△를 임신하였고, 1999. 2. 10. 혼인신고를 마쳤으며, 같은 해 3. 5. 사건본인 양△△를, 2000. 12. 29. 사건본인 양◇◇를 각 출산하였다.

나. 혼인한 이후 원고는 직장에 다니고 피고는 집에서 자녀들을 돌보면서 지냈는데, 사건본인 양◇◇가 태어난 지 6개월 정도 지날 무렵인 2001. 6.말경 피고가 집에만 있으면 답답하다고 하여 직장생활을 하고자 하였으나 원고는 사건본인들이 어려 직장

생활은 곤란하다고 판단하여 피고에게 컴퓨터를 사주었다.

다. 그 이후 피고는 급속도로 컴퓨터 채팅에 빠져들었고, 2001. 10. 중순경 채팅상에서 만나는 남자가 집으로 전화가 걸려오기 시작하였으며, 원고가 이를 문제 삼자 채팅을 하지 않기로 원고와 약속하였으나 컴퓨터 채팅을 계속하여 같은 해 11.경 다시 채팅상의 남자가 집으로 전화를 해와 남편과 이혼하고 자기와 결혼하자는 등의 말을 원고가 듣게 되었다.

라. 결국 원고는 본가와 처가의 식구들에게 도움을 요청하였고, 피고의 어머니가 피고를 설득하여 채팅을 중단하기로 약속하여 원고는 혼인생활을 계속하기로 하였는데, 2002. 1.경 피고는 어린 자녀 둘을 돌보지 아니한 채 아침부터 채팅에 열중하여, 결국 원고는 다니던 회사를 그만두고 피고와 함께 지내기로 하였으나, 피고는 채팅한 남자를 찾아간다면서 집을 나가고 말았다.

마. 그 후 사건본인 양◇◇가 의자에서 떨어져 다치게 되는 사고가 생겼지만 피고는 복귀하기를 거부하다가 가출한 지 일주일 만에 집으로 돌아와 자신은 자녀들도 원고도 싫다고 말하므로, 원고가 피고에게 이혼에 대하여 생각할 시간을 주었고, 가정생활에 도움이 될까 해서 정신과치료도 받았다.

바. 그러나 피고는 이혼에 대하여 생각할 시간을 달라는 핑계로 그 이후에도 계속 피씨방을 드나들면서 채팅을 하였고, 2002. 3. 말경에는 두 자녀를 방안에 둔 채 밖에서 문을 잠그고 가출하여 채팅을 하는 일이 발생하여, 원고는 이혼을 결심하고 피고와 협의이혼절차를 밟게 되었는데, 피고가 다시는 채팅을 하지 않겠다고 하여 원고는 피고의 입장을 처가의 식구들 앞에서 확인 받은 후 다시 혼인생활에 들어갔다.

사. 원고는 피고의 부모님들의 제안으로 서울생활이 아닌 처가인 충남 논산에서 혼인생활을 계속하였는데, 피고는 그 이후에도 결국 채팅의 유혹을 뿌리치지 못하고 시장에 다닌다면서 피씨방에 들어가 채팅을 하다가 2002. 5.말경 서울에서 살던 곳의 반환받은 전세금 13,000,000원을 들고 가출하였고, 그 이후 원고에게 연락을 하지 않고 있다.

증거 : 갑제1, 2호증, 갑제3, 4호증의 각 1, 2, 갑제5호증의 1 내지 12의 각 기재, 변론의 전취지

2. 판단

가. 이혼에 대한 판단

위 인정사실에 의하면 원고와 피고의 혼인생활은 피고의 사생활 보호의 차원을 넘는 과도한 채팅과 그 과정에서 발생한 가정생활의 소홀 및 가출에 의한 원고와 사건본인들에 대한 악의의 유기 등으로 인하여 회복할 수 없을 정도로 파탄에 빠지게 되었다고 할 것이고, 이는 민법 제840조 제2, 3, 6호의 재판상이혼사유에 해당한다고 할 것이다.

나. 위자료에 대한 판단

나아가, 피고의 위와 같은 악의의 유기행위 등으로 인하여 혼인생활이 파탄에 이르게 됨으로써 원고가 심한 정신적 고통을 받았을 것임은 경험칙상 명백하므로 피고는 이를 금전으로나마 위자할 의무가 있다고 할 것인바, 원고와 피고의 나이, 직업, 신분관계, 혼인생활의 과정과 파탄경위, 혼인생활의 계속기간 등 이 사건 변론에 나타난 여러 사정을 참작하면 그 위자료 액수는 금 20,000,000원으로 정함이 상당하다 할 것이다.

다. 친권행사자 지정청구에 대한 판단

앞서 기초사실에서 본 바와 같이 피고는 사건본인들에 대한 양육을 포기하고 가출한 이상 사건본인들에 대한 친권행사자로는 원고가 지정되어야만 사건본인들의 원만한 성장을 위하여 타당하다고 인정된다.

3. 결론

그렇다면, 원고의 이 사건 이혼청구는 이유 있어 이를 인용하고, 피고는 원고에게 위자료로 금20,000,000원을 지급할 의무가 있다할 것이므로, 원고의 위자료 청구는 위 인정범위 내에서 이유 있어 이를 인용하며, 나머지 위자료 청구는 이유 없어 이를 기각하기로 하며, 사건본인들에 대한 친권행사자는 원고를 지정하기로 하여 주문과 같이 판결한다.

판 사 ○ ○ ○

6. 상속과 유언

사람의 사망은 법적으로 중요한 의미를 갖는다. 사람은 사망에 의하여 권리능력이 상실되므로 사망에 의하여 상속이 이루어지고, 유언이 효력을 발생하게 된다. 사망의 시기를 결정하는 기준은 일반적으로 호흡과 심장의 고동이 영구적으로 완전히 정지한 때이다(심장사, 맥박종지설). 다만, 『장기 등 이식에 관한 법률』에 의하여 장기이식을 위해 장기를 적출할 경우에 한정하여 뇌사(腦死)를 사망으로 인정하고 있다.[43)]

(1) 상속

상속이란, 사람이 사망하였을 때 그 사람(피상속인)이 가지고 있던 모든 재산을 일정한 근친(상속인)이 포괄적으로 승계하는 제도이다. 상속인이 상속개시의 사실을 알고 있는가의 여부와는 관계가 없다. 사람이 사망하면 그 사람에게 속하고 있던 모든 재산은 이제 그 귀속주체를 잃게 되므로 사망한 자의 재산을 다른 사람에게 귀속시켜서 그 법률상 지위의 단절을 막을 필요가 있다. 상속재산은 상속인이 상속에 의하여 승계하게 될 피상속인의 재산상 권리 · 의무 전체를 말한다. 이를 유산(遺産)이라고도 하며, 피상속인의 적극재산은 물론 **부채 등의 소극재산**도 포함된다는 점에 유의하여야 한다. 이를 민법에서는 "상속인은 상속 개시된 때로부터 피상속인의 재산에 관한 포괄적 권리의무를 승계한다. 그러나 피상속인의 일신에 전속한 것은 그러하지 아니하다."라고 표현하고 있다(제1005조).

상속순위는 ① 피상속인의 직계비속, ② 피상속인의 직계존속, ③ 피상속인의 형제자매, ④ 피상속인의 4촌 이내의 방계혈족 순이다. 실제로 최우선 순위에 있는 자만이 상속하는 상속인이 된다. 배우자의 경우 피상속인의 직계비속과 동순위(제1순위) 공동상속인이 되고, 직계비속이 없는 경우에는 피상속인의 직계존속과 동순위(제2순위)로 공동상속인이 되며, 피상속인의 직계비속 · 직계존속이 모두 없는 경우에는 단독상속인이 된

---

43) 뇌사자란, 장기등이식에관한법률에 따른 뇌사판정기준 및 뇌사판정절차에 의해서 뇌 전체의 기능이 되살아날 수 없는 상태로 정지되었다고 판정된 사람을 말한다(같은 법 제4조 제5호).

다(제1003조 제1항). 여기서 배우자란, 혼인신고를 마친 법률상 배우자를 말한다. 직계비속 중에서도 최근친이 선순위자로 상속인이 되고(자녀와 손자녀가 있을 경우에는 자녀만이 상속인이 된다), 최근친인 직계비속이 여럿 있는 경우에는 그들 모두가 공동상속인이 된다. 1순위 상속인으로서의 직계비속은 성별, 혼인 여부, 국적의 동일성 여부, 적서(嫡庶), 부계·모계, 친생자·양자인가를 묻지 않는다. 혼인 외의 자식도 인지를 받고 있다면 당연히 1순위 상속인이 된다. 만약에 부 또는 모의 사망 시까지 인지를 받지 못하였다면 부 또는 모의 사망을 안 날로부터 2년 내에 검사를 상대로 인지청구의 소를 제기하여 인지 받음으로써 상속인이 될 수 있다(제864조). 위 4순위까지도 상속인이 없으면 상속재산은 국가에 귀속한다(제1058조).

민법은 대습상속(代襲相續)을 인정한다. 즉, 상속인이 상속개시 전에 사망하거나 결격자가 된 경우에 그 직계비속이 있을 때에는 그 직계비속이 사망하거나 결격된 자의 순위에 갈음하여 상속인이 된다(제1001조). 상속개시 전에 사망 또는 결격된 자의 배우자도 위 직계비속과 함께 동순위로 공동상속인이 되고, 만약 그 직계비속이 없을 때에는 단독상속인이 된다(제1003조 제2항). 대습상속의 요건은 상속인이 상속개시 전에 사망하거나 결격자가 되어야 하고, 대습상속인은 피대습자의 직계비속이거나 배우자이어야 한다.[44]

피상속인의 상속재산 처분에 관한 유언이 없는 경우, 현행 민법상 **법정상속분**은 ① 혈족 상속인의 경우, 동순위의 상속인이 수인인 때에 그 상속분은 균분이다(제1009조 제1항). ② 배우자 상속인의 경우, 직계비속과 공동으로 상속하는 때에는 직계비속의 상속분의 5할을 가산하고, 직계존속과 공동으로 상속하는 때에는 직계존속의 상속분의 5할을 가산한다

44) 대습상속에 관하여 참고할 만한 판례로는 대법원 2001. 3. 9. 99다13157(소유권이전등기말소) 판결이 있다.

(제1009조 제2항). 그리고 대습상속인의 상속분은 사망 또는 결격된 자(피대습자)가 상속하였더라면 받았을 상속분에 의한다(제1010조 제1항). 예를 들어, 피상속인(부)이 처A, 자녀B, C, D를 남기고 사망한 경우, 세 자녀들의 상속분을 각 1이라고 하면 처A의 상속분은 1.5이고, 상속인 전원(A,B,C,D)의 상속분은 4.5(1.5+1+1+1)이다. 따라서 처A의 상속분은 1.5/4.5, 세 자녀의 상속분은 각 1/4.5이다.

만약에 상속인이 피상속인의 상속재산에 특별히 기여한 부분이 있을 때에는 그 부분을 공제하고 나머지 상속재산을 분배한다. 민법은 "공동상속인 중에 상당한 기간 동거 · 간호 그 밖의 방법으로 피상속인을 특별히 부양하거나 피상속인의 재산 유지 또는 증가에 특별히 기여한 자가 있을 때에는 상속개시 당시의 피상속인의 재산가액에서 공동상속인의 협의로 정한 그 자의 **기여분**을 공제한 것을 상속재산으로 보고 법이 정한 상속분에 기여분을 가산한 액으로써 그 자의 상속분으로 한다. 만일 협의가 되지 않거나 협의할 수 없는 때에는 가정법원이 기여의 시기 · 방법 및 정도와 상속재산의 액 기타의 사정을 참작하여 기여분을 정한다."라고 명시하고 있다(제1008조의2 제1항 및 제2항). 이는 균분상속을 원칙으로 하는 법정상속의 경직성에서 탈피하여 실질적 형평을 기하고자 함이다.

상속의 효력은 법률상 당연히 피상속인의 권리 · 의무가 상속인에게 이전되는 것이므로 이를 받아들일 것인가의 여부에 대한 상속인의 의사와의 조정이 필요하다. 즉, 상속재산보다 채무가 많은 경우에 상속인은 상속개시있음을 안 날로부터 **3개월** 이내에 상속을 한정승인하거나 포기할 수 있다(제1028조 내지 제1044조). **한정승인**은 상속인이 상속으로 인하여 취득할 재산의 한도 내에서 피상속인의 채무를 변제할 것을 조건으로 상속을 승인하는 것이고, **포기**는 재산과 채무 모두에 대해 상속을 거부한다는 것이다. 이는 상속인을 보호하기 위한 수단이며, 민법상 자기책임원칙의 발현이라고 볼 수 있다.

한편, 상속권을 침해당한 상속인은 법원에 **상속회복청구**를 할 수 있다. 상속회복청구권은 진정한 상속인이 자기의 상속권을 침해하고 있는 자에 대하여 가지는 권리이며, 그 내용은 상속재산의 인도를 청구하는 것이다. 상속회복청구권은 그 침해를 안 날로부터 3년, 상속권의 침해행위가 있은 날로부터 10년을 경과하면 소멸한다(제999조).

(2) 유언

만 17세 이상이면 누구나 자유롭게 유언을 할 수 있다(민법 제1061조). **유언**은 유언자가 남긴 최종 의사를 존중하고, 사후에 그 의사의 실현을 보장하기 위한 제도이다. 우리 민법은 유언(철회)의 자유를 인정하고 있다. 유언은 유언자가 사망한 후에 효력이 발생하므로 본인이 살아있는 한 언제라도 유언의 전부 또는 일부를 철회할 수 있고, 내용이 다른 유언을 새로이 하면 먼저 한 유언은 효력이 없어진다. 단, 법률이 정한 사항에 대해서만 유언할 수 있고, 법률에서 정하고 있는 방식에 따르지 않으면 효력이 없다.

유언사항은 재단법인의 설립, 친생부인, 후견인지정, 상속재산분할방법의 지정 또는 분할의 금지, 유증, 유언집행자의 지정 등이다. 민법에서 정하고 있는 유언의 방식은 자필증서, 녹음, 공정증서, 비밀증서, 그리고 구수증서(口授證書)의 5가지이다(제1065조). 이렇게 유언의 요식성(要式性)을 요구하는 이유는 본인의 진의를 확보하고, 타인에 의한 위조·변조를 방지하며, 유언자가 신중하게 유언하도록 하기 위함이다.

먼저, **자필증서**에는 유언의 내용, 연월일, 주소, 성명을 자신이 쓰고 날인하여야 한다. 자필증서를 보관한 자 또는 이를 발견한 자는 유언자의 사망 후 지체 없이 그 증서를 법원에 제출하여 검인을 받아야 한다(제1066조). 성명의 기재가 없는 유언서 또는 성명을 타인이 쓴 유언서는 무효이다. 주소는 유언증서로서 일체성이 인정되는 한 봉투에 기재해도 무방하다. 날인은 반드시 있어야 하는데 인감도장 또는 막도장, 손도장도 무방하다. 적법한 유언증서는 유언자의 사망에 의하여 곧바로 효력이 발생하며, 개봉 절차의 유무에 영향을 받지 않는다.

녹음에 의한 유언은 유언자가 유언의 취지, 성명과 연월일을 구술하고 참여한 증인이 유언의 정확함과 자신의 이름을 구술하는 방식이다. 자필로 유언을 남기기 곤란할 때 주로 이용된다(제1067조).

공정증서에 의한 유언은 유언자가 증인 2인이 참여한 공증인의 면전에서 유언의 취지를 구수하고 공증인이 이를 필기하고 낭독하여 유언자와 증인이 그 정확함을 승인한 후 각자 서명 또는 기명날인하는 방식이다(제1068조).

비밀증서에 의한 유언은 유언자가 유언의 내용과 성명을 기입한 증서를 봉투에 넣어 엄봉날인하고 이를 2인 이상의 증인에게 제출한 후 그 봉투 표면에 제출 연월일을 기재하고 유언자와 증인이 각자 서명 또는 기명날인하는 방식이다. 이 봉투는 5일 이내에 공증인 또는 법원으로부터 확정일자를 받아야 한다(제1069조).

마지막으로, **구수증서**에 의한 유언은 질병 기타 급박한 사유로 인하여 위 4가지 방식에 의할 수 없는 경우에 유언자가 2인 이상의 증인이 참여한 가운데 그 중 1인에게 유언의 취지를 구수하고 그 구수를 받아 적은 자가 이를 낭독한 후 유언자와 증인이 그 정확성을 승인하고 각자 서명하거나 기명날인하는 방식이다. 그리고 급박한 사정이 끝난 후 7일 이내에 법원에 검인을 신청하여야 한다(제1070조). 구수증서에 의한 유언은 유언자가 부상한 경우, 전염병 때문에 교통이 차단된 경우, 조난한 선박 중에 있는 경우 등에서 이루어지며, 다른 방식에 의한 유언이 객관적으로 가능한 경우까지 구수증서에 의한 유언을 허용하는 것은 아니다.

한편, 민법은 상속에 대한 상속인의 기대를 보호해 주기 위하여 피상속인이 갖는 유언의 자유에 일정한 제한을 가하고 있다. 이를 유류분(遺

留分)제도라고 한다. **유류분**이란 유언으로도 마음대로 처분할 수 없는 일정한 몫, 즉 피상속인의 유언에 의한 재산처분의 자유를 제한함으로써 상속인에게 상속이 보장된 상속재산의 일정 부분을 의미한다. 이는 개인의 재산처분의 자유와 상속인의 보호간에 조화를 이루는 것이며, 특히 상속인이 고령의 배우자이거나 미성숙한 자녀일 경우 피상속인이 사망한 날로부터 생활이 곤궁해지는 것을 방지할 수 있다. 유류분권리를 갖는 자는 피상속인의 직계비속, 배우자, 직계존속, 형제자매이며, 직계비속과 배우자는 법정상속분의 2분의 1에 대해, 직계존속과 형제자매는 법정상속분의 3분의 1에 대해 각 유류분권리를 가진다(제1112조).

참고문헌

김형배, 민법학강의, 신조사, 2011

지원림, 민법강의, 홍문사, 2011

제6장
민사소송과 조정제도

1. 분쟁과 해결

공동생활을 하다 보면 사람 간에 분쟁이 일어나지 않을 수 없다. 금전차용 문제, 토지나 주택 등 부동산을 둘러싼 문제, 부부 간의 이혼 문제, 가족 간의 상속 문제 등 종래 일상적인 분쟁에서부터 공해, 약해, 의료과오, 소비자피해 등 현대적인 분쟁에 이르기까지 오늘날 분쟁은 매우 다양하다. 이와 같이 개인 대 개인 간의 법률관계에서 발생하는 사법상 권리와 의무에 관한 분쟁을 우리는 **민사사건**이라고 한다. 물론 이러한 분쟁이 범죄와 관련되면 형사책임을 묻는 형사사건이 되기도 한다.

만일 국가가 이러한 분쟁을 당사자가 알아서 해결하도록 맡겨 버리고 방치한다면 결국 이 사회는 당사자 중 강자의 주장만이 통용되고, 약자는 늘 강자의 요구에 굴복하는 신세가 되고 만다. 그렇다면 사회 정의는 기대할 수 없고 사회 질서는 매우 혼란스러워지게 된다. 이에 국가는 민법이나 형법을 필두로 다양한 법규범을 제정하고, 법원을 정비해 이러한 분쟁을 해결하는 시스템을 갖추고 있다. 국가의 최고법규인 헌법도 재판제도를 이용하는 자의 편에서 "모든 국민은 헌법과 법률이 정한 법관에 의하여 법률에 의한 재판을 받을 권리를 가진다."라고 이를 확인해 주고 있다(제27조 제1항).

민사소송은 이러한 필요에서 생긴 하나의 법적 장치이며, 사인 간의 사적 분쟁 해결을 목적으로 한다. 여기서 말하는 분쟁이란 어디까지나 법규범을 적용하여 법원이 최종적으로 해결할 수 있는 것에 한정된다. 이를 '법적 분쟁'이라고 한다. 따라서 학술논쟁(A설과 B설 중 어느 쪽이 올바른 학설인가)이나 종교논쟁(甲파와 乙파 중 어느 쪽이 정통한 종교인가) 등은 법적 분쟁이 아니기 때문에 법원에서 심리하지 않는다. 법적 분쟁을 해결하기 위하여 법원은 어디까지나 분쟁의 한쪽 당사자로부터 신청을 받아 민사소송법 등 소위 절차를 규정한 법률(절차법)에 따라 민법 등의 권리의무나 법률관계를 정한 법률(실체법)을 적용하게 된다. 즉, 민사사건에서 재판에 의하여 사법상 권리관계를 확정하는 절차를 민사소송(특히, 판결절차)이라고 한다. 법원이 내린 판결이 확정되면 소송당사자를 구속한다. 만약 당사자 일방이 판결에 의해 내려진 명령을 따르지 않는 경우에는 국가의 힘을 빌려 그 명령의 내용이 실현된다. 이것을 강제집행이라고 한다.

그러나 판결은 흑백을 명확히 하여 분쟁을 일도양단적으로 해결하는 것이므로 일방에게는 불만이 남을 수 있다. 아무리 법원의 판단이라도 언제나 양 당사자가 납득할 수 있는 해결책을 제시할 수는 없다. 이에 분쟁당사자 간에 타협이 이루어진다면 일부러 판결이라는 형태로 법원이 관여하지 않고, 양 당사자의 의사를 존중해 분쟁을 원만히 해결하는 것도 생각해 볼 수 있다. 이것이 화해나 조정이다. 법원으로 간 분쟁이 모두 판결이라는 형태로 해결되는 것은 아니다. 최근에는 민사조정을 활성화하기 위하여 상근조정위원을 둔 법원조정센터가 2009. 4월 서울과 부산에 설치되었고, 2011. 4월에는 대구, 광주, 대전에 확대 설치되었다.

먼저 민사소송제도부터 살펴보기로 한다. 민사소송에서 변론절차는 아래 몇 가지 원칙 하에서 이루어진다.

2. 민사소송의 원칙

(1) 처분권주의

처분권주의란 당사자가 청구하는 것에 대해서만 판정한다는 원칙이다. 절차의 개시, 심판의 대상, 절차의 종결 여부에 관해 법관이 주도권을 갖는 것이 아니라 당사자가 주도권을 갖고 당사자의 처분에 맡긴다는 입장이다. 예컨대, 원고가 불법행위를 이유로 손해배상을 청구하였을 뿐 피고의 채무불이행을 주장한 사실이 없었음에도 법원이 피고에게 채무불이행을 원인으로 한 손해배상의무를 인정하였다면 당사자가 신청하지 않은 사항을 판결한 것으로서 처분권주의에 위배된다. 처분권주의에 위배된 판결이라도 당연 무효는 아니며, 원칙적으로 상소 등으로 불복하여 취소를 구하게 된다. 사권(私權)은 처분의 자유가 인정되므로 이를 법원을 통해 실현할 것인지 여부, 어떠한 권리를 실현할 것인지에 관해서는 당사자의 의사에 일임되는 것이 당연하다. 소송법상 처분권주의는 실체법상 사적자치의 원칙에 상응하는 것이라고 볼 수 있다.

(2) 변론주의

변론주의란 당사자가 주장하고 증명한 것을 가지고 판단한다는 원칙이다. 소송자료(사실)와 증거의 수집 · 제출의 책임은 당사자에게 있고, 당사자가 수집하여 변론에서 제출한 소송자료만을 재판의 기초로 삼아야 한다. 이와 반대되는 원칙을 **직권탐지주의**라고 한다. 변론주의 하에서는 당사자가 제출하지 않은 소송자료를 법원이 다른 경로를 통해 입수하였다고 하더라도 이를 재판의 기초로 삼지 못한다. 예컨대, 대여금반환청구소송에서 피고가 변론으로 대여금의 변제를 주장하지 않았다면 증인신문과정에서 증인이 이를 증언해 주었다고 하더라도 법원은 증언만으로 변제사실을 인정하여 채권이 소멸되었다고 판단해서는 안 된다는 것이다. 그런데 법원이 전혀 개입하지 않고 변론주의만을 관철시킬 때에는 소송수행능력이 부족한 당사자가 승소할 사안에도 패소하는 문제가 생길 수 있다. 이를테면 당사자의 진술에 모순, 흠결이 있거나 애매하여 그 진술의 취지를 알 수 없는 때에는 당사자의 진술을 보완하여 명료하게 하거나 입증책임이 있는 당사자에게 입증을 촉구하는 것을 내용으로 법원이 석명권을 행사할 수 있다. 그러나 당사자가 주장하지도 않은 요건사실이나 공격방어방법을 시사하여 그 제출을 권유하는 것은 변론주의에 위배되어 허용되지 않는다.[45]

(3) 공개심리주의 · 구술심리주의 · 쌍방심리주의

변론은 재판의 심리와 판결의 선고를 일반인이 방청할 수 있는 상태에서 한다(**공개심리주의**). 국민에게 재판을 감시시켜 재판의 공정성과 신뢰성을 제고하고, 허위진술 · 허위증언을 방지하려는데 그 목적이 있다.

변론은 당사자를 법정에 출석시켜 구술로 진행하여야 한다(**구술심리주의**). 구술주의에 의하면 진술로부터 선명한 인상을 받게 되고, 즉각적인 반문을 통해 진상 파악이 쉽고, 의문점은 석명을 통해 쉽게 해명할 수 있어서 쟁점 파악에 용이하다. 파악한 쟁점에 증거조사를 집중시켜 신속한 재판을 할 수도 있다. 그러나 구술에만 의존해서는 그 내용이 쉽게 망각되고, 복잡한 사실관계를 이해하고 정리하기가 어렵다. 그리하여 법원은 필요한 경우에 준비서면의 제출 등 서면을 요구하기도 한다. 구술의 단점을 보완하고 재판을 효율적으로 진행할 수 있다는 점에서 민사소송법은 서면주의도 병행하고 있다.

소송을 심리할 때에는 당사자 양쪽에 평등하게 진술할 기회를 주어야 한다(**쌍방심리주의**). 일방만의 공격으로 불의의 타격에 의한 희생을

45) 대법원 2002. 5. 10. 99다24256, 대법원 2001. 10. 9. 2001다15576

방지하기 위한 것이다. 당사자평등의 원칙 또는 무기평등의 원칙이라고 한다. 이는 헌법에 규정되어 있는 재판을 받을 권리(제27조), 법 앞의 평등(제11조), 개인의 존엄과 가치(제10조)의 소송상 발현이기도 하다. 단, 간이 · 신속을 요하는 지급명령절차, 가압류 · 가처분 절차에서는 일방심리주의가 허용된다. 그러나 이 경우에도 상대방이 이의신청을 하게 되면 쌍방심리의 절차로 넘어가게 되므로 예외라고는 할 수 없다.

(4) 적시제출주의 및 실기한 공격방어방법의 각하

당사자는 변론주의 때문에 자기의 주장을 뒷받침하기 위한 소송자료를 제출하여야 한다. 이러한 소송자료를 **공격방어방법**이라고 하는데, 이것은 적절한 시기에 제출되어야 한다(**적시제출주의**). 당사자가 적시에 사실자료와 증거자료를 제출하지 않으면 심리촉진과 변론의 집중이 어려워진다. 그리하여 당사자가 고의나 중과실로 공격방어방법을 늦게 제출한 경우에는 이를 각하하여야 한다. 이를 '**실기(失機)한 공격방어방법의 각하(却下)**'라고 한다.

3. 민사소송절차

(1) 집행보전절차

민사소송을 제기하는 이유는 법원의 판결을 받기 위함이다. 판결절차에 의해 사법상 권리관계가 확정되며, 채무자가 판결문에 따라 채무를 이행하지 않을 때에는 강제집행을 할 수 있는 근거가 되기 때문이다. 채권자는 종국적으로 강제집행을 통해 채권의 만족을 얻을 수 있다. 그런데 소송에서 승소한 뒤에 그 판결의 확정을 기다려 집행을 하기까지는 많은 시간이 걸리게 된다. 소송이 진행되는 동안 채무자가 재산을 낭비 · 은닉하거나 소송의 대상이 되고 있는 물건을 처분해 버릴 수 있다. 이렇게 현상을 방치해 두었다가는 채권자가 소송에서 이기더라도 집행이 불가능해질 수 있다. **집행보전절차(보전처분)**이라 함은 현상의 변경을 금지하여 강제집행을 보전하고자 법원이 명하는 잠정적인 처분, 즉 가압류 · 가처분 절차를 말한다. 제소 전에 판결의 실효성을 확보하기 위하여 임시로 상대방의 재산을 묶어 놓는 것이다.

가압류는 금전채권의 실현을 위해 채무자의 재산을 미리 압류해 두는 것이다. 가압류는 부동산, 동산 외에 제3자(제3채무자)에 대한 채권에도 할 수 있다. 집이나 땅에 대한 부동산 가압류에서는 부동산등기부에 가압류사실이 기재되고, 자동차와 같이 등록대상인 동산에 대한 가압류에서는 자동차등록원부 등에 가압류 사실이 기재된다. 가재도구 등 동산에 대한 가압류는 집행관이 채무자의 동산이 있는 곳에 가서 가압류 표시를 하게 된다. 후에 채권자가 본안소송에서 승소하면 가압류된 재산을 경매에 붙여 채권을 회수하게 된다. 전세보증금, 예금 등 채권에 대한 가압류에서는 법원이 채무자에게 지급을 금지하는 명령을 제3채무자에게 내리고, 제3채무자에게 가압류 결정 정본이 송달됨으로써 효력이 발생한다. 나중에 가압류를 본압류로 이전한 후에 채권을 제3채무자로부터 직접 수령할 수 있다.

가처분은 금전이 아닌 특정 목적물(계쟁물)에 대한 채권이 있는 경우에 그 목적물이 처분되는 것을 방지하고자 판결을 받기 전에 그 목적물의 현상 변경을 금지하는 제도이다. 이를테면 부동산에 대한 소유권이전등기 청구 소송에서 부동산의 처분행위를 금지하는 처분금지가처분을 통하여 목적물을 고정시켜 놓은 후에 소송에서 이기면 소유권이전등기절차를 취하는 것이다. 그리고 당사자 간에 권리관계에 관하여 다툼이 있을 경우, 확정판결 시까지 현상을 그대로 방치한다면 권리자가 현저한 손해를 입게 되는 등 권리실현이 어려워질 것에 대비하여 잠정적으로 임시조치를 행하는 가처분도 있다. 예를 들어, 직무집행정지가처분, 공사중지가처분, 업무방해금지가처분 등이 있다.

(2) 소장의 작성과 접수

소를 제기하려면 원칙적으로 소장(訴狀)이라는 서면을 제1심법원에 제출하여야 한다. 소장에는 당사자와 법정대리인, 청구의 취지와 원인을 기재하여야 한다(필요적 기재사항). 민사소송에서 당사자라 함은 자기의 이름으로 국가의 권리보호(재판)를 요구하는 사람과 상대방, 즉 원고와 피고를 말한다. 소를 제기하는 사람을 **원고**, 그 상대방을 **피고**라고 한다. 원고와 피고의 주소와 성명을 명확히 기재하고, 법인인 경우에는 그 명칭과 소재지를 기재한다. **청구취지**는 원고가 어떠한 내용과 종류의 판결을 구하는지를 밝히는 부분이다. 여기서는 원고가 바라는 판결주문을 기재하면 된다. 예컨대, 대여금 반환을 원한다면 “피고는 원고에게 금 500만원을 지급하라”라는 식이다. 간결하고 명확하게 표시하여야 한다. 소장의 청구취지란에는 이 밖에 소송비용에 관한 재판과 가집행 선고의 신청을 기재하는 경우가 많다. **청구원인**은 원고가 청구취지의 내용과 같은 청구에 이르게 된 원인을 구체적으로 적는다. 예를 들면, “원고는 2010. 10. 1. 피고에게 금 500만원을 빌려주었으나 피고는 변제기가 지나도 아직 갚지 않고 있다.”라는 식으로 기재한다. 소장에는 이러한 필요적 기재사항 이외에 원고 또는 법정대리인이 기명날인 또는 서명할 것을 요한다. 입증방법 부분에는 증거서류의 목록을 기재한다. 소장에 첨부되는 서류로는 피고 수만큼의 소장 부본, 원고가 소송무능력자일 때에 법정대리인임을 밝힐 수 있는 가족관계증명서, 법인일 때에는 그 대표자를 증명할 수 있는 법인등기부등본을 제출하여야 한다. 그리고 부동산 사건이면 부동산등기부등본, 어음 · 수표사건이면 어음 · 수표의 각 사본 등을 제출하여야 한다. 소장에는 소정의 인지를 첨부하고, 소송서류(소장부분, 기일통지서 등)의 송달비용을 당사자 수만큼 예납하여야 한다.

[서식예 1] 소장

소　　장

원　　고 ○○○ (주민등록번호)
　　　　주소
피　　고 ○○○ (주민등록번호)
　　　　주소

대여금청구의 소

청구취지

1. 피고는 원고에게 금400만원 및 이에 대하여 2011. 10. 2. 부터 이 사건 소장부본 송달일까지 연 5%의, 그 다음날부터 다 갚는 날까지 연 20%의 각 비율에 의한 금원을 지급하라.
2. 소송비용은 피고의 부담으로 한다.
3. 위 제1항은 가집행할 수 있다.

라는 판결을 구합니다.

청구원인

1. [당사자간 관계 및 금전거래의 내용, 차용증 교부 및 입금내역 등의 사실을 기재]

   원고와 피고는 대학 선후배 사이로, 원고는 2010. 10. 1. 피고에게 금500만원을 빌려주고 2011. 10. 1.에 이를 변제받기로 하였습니다(갑 제1호증 차용증 및 갑 제2호증 입금거래내역 참조).
2. [채무불이행 사실을 기재]

   그런데 피고는 위 대여금 중 2011. 10. 1.에 금100만원만을 변제하고 나머지 금400만원에 대해서는 수차례의 독촉이 있었음에도 불구하고 변제기가 훨씬 지난 지금까지 지급하지 않고 있습니다(갑 제3호증 내용증명 참조).

3. [결론]

따라서 피고는 원고에게 이 사건 대여금 잔액 금400만원 및 이에 대하여 이 사건 대여금의 변제기가 경과한 2011. 10. 2.부터 이 사건 소장 부본 송달일까지는 민법이 정한 연 5%의, 그 다음 날부터 다 갚는 날까지는 소송촉진등에관한특례법이 정한 연 20%의 지연손해금을 지급할 의무가 있다 할 것이므로, 원고는 이를 구하기 위하여 이 사건 청구에 이르게 되었습니다.

입증방법

1. 갑 제1호증 차용증
1. 갑 제2호증 입금거래내역
1. 갑 제3호증 내용증명

첨부서류

1. 위 입증방법 각 1통
1. 소장부본 1통
1. 송달료납부서 1통

2012. 2. 1.

위 원고 ○ ○ ○ (인)

○ ○ 지 방 법 원 귀 중

민사소송은 원고가 피고를 상대로 제1심 관할 법원에 소장을 제출하면서 시작된다. 소장은 정당한 이유 없이 접수가 거부되어서는 안 된다. 접수된 소장의 보완을 위하여 필요한 사항을 지적하고 보정권고를 할 수 있을 뿐이다. 소장이 법원에 접수되면 법원은 소장 부본을 피고에게 송달한다. 피고의 주소 등 행방을 알기 어려워 통상의 방법에 의해서는 송달을 할 수 없는 경우에는 공시송달 방법을 사용할 수 있다. 소장 부본을 송달 받은 피고는 반드시 30일 내에 **답변서**를 제출하여야 한다. 피고가 기간 내에 답변서를 제출하지 않거나 원고의 주장이 타당하다고 인정하는 내용의 답변서를 제출하고 따로 항변을 제출하지 않는 경우에는 변론 없이 원고 승소 판결을 선고할 수 있다(무변론판결). 단, 공시송달사건은 무변론의 판결선고를 할 수 없다. 원고의 청구를 다투는 취지의 답변서가 제출되면 변론기일이 지정된다. 법원이 필요하다고 인정하는 경우에는 사건을 변론준비절차에 회부하기도 한다.

[서식예 2] 답변서

답 변 서

사건번호　20××가단××× 대여금
원　　고　○ ○ ○
피　　고　○ ○ ○

위 사건에 관하여 피고는 다음과 같이 답변합니다.

청구취지에 대한 답변

1. 원고의 청구를 기각한다.
2. 소송비용은 원고의 부담으로 한다.
   라는 판결을 구합니다.

청구원인에 대한 답변

1. 원고의 주장사실 가운데 피고가 원고로부터 금500만원을 빌린 사실은 인정합니다.
2. 그러나 피고는 2011. 10. 1.에 금100만원을 변제하고, 같은 해 12. 1.에는 나머지 금400만원에 대해서도 변제하였습니다(을 제1

호증 참조).

3. 따라서 피고는 원고에게 모든 채무를 이행하였으므로 원고의 이 사건 청구는 기각되어야 합니다.

입증방법

1. 을 제1호증 영수증

첨부서류

1. 위 입증방법 1통

2012. 3. 2.

위 피고 ○ ○ ○ (인)

○ ○ 지 방 법 원 귀 중

(3) 변론 및 증거조사

변론이라 함은 기일에 법원의 공개법정에서 당사자 양쪽이 자신에게 유리한 주장을 펼치고 이를 뒷받침하는 증거를 제출하는 것을 말한다. 앞서 본 처분권주의, 변론주의, 공개심리주의 · 구술심리주의 · 쌍방심리주의, 적시제출주의 등의 여러 원칙에 근거하여 소송당사자는 변론을 통해 자기에게 유리한 사실을 주장하고 증거를 제출한다. 증거조사는 증거방법이 무엇이냐에 따라 증인신문(증인), 감정(감정인), 서증(문서), 검증(검증물), 당사자신문(당사자본인) 등으로 나뉜다.

특히, 증인의 증언으로부터 증거자료를 얻는 증거조사를 **증인신문**이라고 한다. 증인을 신문하려면 미리 증인신청을 하여야 한다. 법원이 이를 수용하면 증인에게 소환장이 발부된다. 증인은 신청한 당사자가 먼저 신문하고 상대방이 반대신문을 하는 방식으로 이루어진다. 증인으로 소환

받은 자는 정해진 일시·장소에 출석할 의무가 있으며, 정당한 이유 없이 불출석한 증인에 대해서는 과태료를 부과하고 감치(監置)할 수 있다. 한편, 법원에 증거로 제출하는 문서를 **서증**이라고 한다. 서증신청은 ① 자기가 소지하고 있는 문서이면 직접 법원에 제출하는 방법으로, ② 상대방이나 제3자가 가진 것으로서 제출의무 있는 문서는 그 소지인에 대한 제출명령을 신청하는 방법으로, ③ 소지자에게 제출의무가 없는 문서는 그에 대한 문서송부촉탁을 신청하는 방법으로, ④ 소지자에게 대한 송부촉탁이 어려운 문서는 문서소재장소에서의 증거조사를 신청하는 방법으로 한다. 문서소지자는 원칙적으로 증언거절사유와 같은 일정한 이유(예: 직업비밀)가 있는 문서와 공무원이 직무상 보관하는 문서를 제외하고는 모든 문서를 제출해야 할 의무가 있다.

만약에 증거조사를 하였으나 증거가 불충분하여 진위불명의 상태가 된 경우에 그로 인한 불이익(패소 위험)을 감수하여야 하는데 이를 **증명책임**이라고 하고, 그 불이익을 누가 감수할 것인가의 문제를 **증명책임분배**의 문제라고 한다. 일반적으로 원고가 자신이 주장하는 권리가 존재하기 위하여 필요한 사실(청구원인사실)에 대한 증명책임을 부담하고 이를 증명하지 못하면 패소하게 되고, 피고는 원고의 권리를 부정할 수 있는 사실(변제, 사기·강박에 의한 취소, 상계 등)에 대한 증명책임을 부담하여 이를 증명하지 못하면 패소하게 된다. 그러나 의료과오소송, 공해소송 등의 경우에는 권리 발생의 근거되는 사실(과실 및 인과관계 등)을 일반인인 원고에게 모두 증명하도록 하는 것이 매우 불합리하므로 피해구제 차원에서 원고의 증명책임을 다소 완화하고 있다(제4장 「불법행위와 손해배상」 참고).

(4) 판결

증거조사가 끝나고 법관이 심증을 형성하면 변론을 종결한다. 이를 결심(結審)이라고 한다. 법관은 변론 전체의 취지와 증거조사의 결과를 참작하여 자유로운 심증으로 논리와 경험 법칙에 따라 사실주장이 진실한지 아닌지를 판단하면 된다(민사소송법 제202조). 이를 **자유심증주의**라고 한다. 결심 후 대개 2~4주 후에 판결이 선고된다.[46] 소액사건의 경우에는 결심 즉시 선고되기도 한다. 판결은 선고로 효력이 생긴다. 판결선고 후에는 판결정본을 당사자에게 송달하여야 한다. 가집행선고가 있으면 승소한 원고는 법원에서 판결문이 상대방에게 송달되었다는 판결송달증명원과 "이 정본은 피고 ○○○에 대한 강제집행을 실시하기 위하여 원고 ○○○에게 내어준다."라는 집행문을 발급받아 강제집행을 신청할 수 있다.

판결절차는 심급에 따라 제1심, 항소심, 상고심의 절차로 나뉜다(3심제). 제1심 판결에서 패소한 당사자는 **항소(抗訴)**할 수 있다. 항소의 결과에도 불복하면 대법원에 **상고(上告)**할 수 있다. 상고심은 법률적인 관점에서만 검토하고 사실관계의 쟁점은 다루지 않는다. 항소·상고와 같이 재판이 확정되기 전에 당사자가 불복하여 상급법원에 그 취소 또는 변경을 구하는 것을 **상소(上訴)**라고 한다. 확정된 판결에 대하여 그 판결의 옳고 그름을 다시 심리하는 **재심(再審)**과는 구별된다. 상소기간은 판결문이 송달된 날로부터 2주이다. 그 기간 내에 상소하지 않으면 판결이 확정된다. 상고까지 한 경우에는 대법원 판결선고와 동시에 확정된다.

4. 강제집행절차

판결절차에 의해 사법상 권리관계가 확정되었음에도 불구하고 채무

46) 판결은 변론이 종결된 날로부터 2주 이내에 선고하여야 하며, 복잡한 사건이나 그 밖의 특별한 사정이 있는 때에도 변론이 종결된 날로부터 4주를 넘겨서는 안 된다(민사소송법 제207조 제1항).[훈시규정]

자가 판결문에 따라 채무를 이행하지 않는 경우가 있다. 이 때에는 국가의 강제력을 동원하여 채권의 만족을 얻을 수밖에 없다. 채권자가 일정한 절차를 거쳐 강제집행 신청을 하면 국가가 정해진 법 절차에 따라 채권자를 대신하여 채무자의 이행을 강제하는데, 이러한 절차를 강제집행절차라고 한다. 현행 『민사집행법』이 이를 규율하고 있다. 강제집행을 위해서는 집행권원과 집행문이 필요하다. 집행권원은 강제집행을 할 수 있는 근거이다. 확정된 종국판결, 가집행의 선고가 있는 종국판결, 확정된 지급명령, 확정된 이행권고결정, 확정된 화해권고결정, 채무자가 강제집행을 승낙한 취지의 기재가 있는 공정증서 등이 이에 속한다. 집행문은 강제집행권한을 특정인에게 부여하는 것으로서 "이 정본은 피고 ○○○에 대한 강제집행을 실시하기 위하여 원고 ○○○에게 내어준다."라는 내용으로 판결문에 부기하여 발급된다. 그 외에도 송달증명원, 확정증명원이 필요하다.

부동산의 경우에 부동산 소재지의 관할법원에 강제경매를 신청하면 법원에서 경매절차를 진행하여 대금을 배당한다. 동산의 경우에는 집행관이 동산의 소재지에 가서 동산을 압류하고 경매를 통해 대금을 배당한다. 채권의 경우에는 법원으로부터 지급금지명령(압류명령)을 받고, 추심명령·전부명령이라는 특수한 집행수단을 사용하여 채권자가 직접 채무자의 채권으로부터 변제받을 수 있다.

5. 민사조정제도

법원은 반드시 판결이라는 수단을 이용하여 분쟁을 해결하는 것은 아니다. 당사자의 의사에 의해서 화해, 조정, 중재의 수단을 이용하는 경우도 있다. 당사자가 능동적으로 참여하여 분쟁을 해결할 수 있는 제도를 **'소송대체적인 분쟁해결제도(alternative dispute resolution), 약칭 ADR'**

라고 한다.

화해(和解)에는 실체법(민법)상 화해와 재판상 화해가 있다. **실체법(實體法)상 화해**는 법원의 개입 없이 당사자가 상호양보하여 분쟁을 끝낼 것을 약정하는 계약이다(민법 제731조). 화해계약은 화해한 대로 이행되지 않을 경우 분쟁이 재발하는 한계가 있다. 반면, **재판상 화해**는 화해에 이르는 과정에 법관이 개입하고, 국가기관인 법원이 화해내용을 문서로 확인해 주며(화해조서의 작성), 상호양보한대로 이행하지 않는 경우에는 국가가 강제력을 행사하여 실현시켜 준다. 재판상 화해에는 두 종류가 있다. 하나는, 소가 제기되어 소송절차가 진행되는 중에 당사자가 상호양보하여 분쟁을 해결하기로 약정하여 이를 법원에 진술함으로써 성립하는 **소송상 화해(訴訟上 和解)**이다. 법원도 소송의 정도와 관계없이 화해를 권고할 수 있다(민사소송법 제145조). 다른 하나는, 소를 제기하기 전에 당사자가 법원에 화해의 신청을 하여 상호양보를 통하여 분쟁을 해결하는 **제소 전 화해(提訴前 和解)**이다(민사소송법 제385조 내지 제389조). 재판상 화해가 성립하여 화해조서가 작성되면, 이 조서는 법원의 확정판결과 동일한 효력을 가진다.

조정은 제3자인 법관이나 조정위원회의 권유에 의하여 당사자가 상호양보하여 합의에 이르게 되는 자주적 분쟁해결수단이다. 조정은 당사자의 양보에 의한 자주적 해결이라는 점에서 당사의 합의에 의하여 선출된 중재인의 중재판정에 의하여 분쟁이 해결되는 중재와 차이가 있다. 그리고 조정은 경우에 따라 조정위원회가 개입하는 분쟁해결절차라는 점에서 법관만이 개입하는 재판상 화해와는 다른 절차이다. 조정은 법원에 의한 조정과 행정부 산하 각종 위원회에 의한 조정이 있다. 후자의 예로는 소비자분쟁조정위원회, 금융분쟁조정위원회, 건설분쟁조정위원회 등이 있다. 법원에 의한 조정의 경우, 과거에는 가사조정 등 일부 한정된 분야에서만 조정제도를 이용할 수 있었으나 1990년 『민사조정법』의 제정으로 모든 민사분쟁이 조정의 대상이 되었다. 민사조정제도는 이혼과 상속 등 가사사건에서 가정법원이 행하는 『가사소송법』 상 가사조정과 그 외의 법원에서 행하는 민사조정법상 민사조정 등이 있다.

민사조정(民事調停)은 〈민사(民事)에 관한 분쟁을 간이한 절차에 따라 당사자 사이의 상호양해를 통하여 조리(條理)를 바탕으로 실정(實情)에 맞게 해결함〉을 목적으로 하고 있다(민사조정법 제1조). 소송에 비해 비용이 저렴하고 절차가 신속·간편하며 법관의 업무 부담이 줄어든다. 또 재판에서는 허용되지 않는 설득적인 방법을 동원하여 당사자 상호양해 하에 분쟁을 조리에 맞게 원만히 해결할 수 있는 장점이 있다.

민사조정은 당사자 일방 또는 쌍방이 조정신청을 하거나 소송사건을 심리하고 있는 재판부가 직권으로 사건을 조정에 회부하면서 시작한다. 조정의 신청은 서면이나 구술로 할 수 있다. 서면으로 신청할 때에는 신청인이 관할법원에 민사조정신청서를 제출함으로써 절차가 진행된다. 구술의 경우에는 법원사무관 등의 앞에서 진술하여야 한다. 조정사건은 판사가 직접 조정하거나, 조정위원 2인 이상이 조정장과 함께 조정위원회를 구성하여 조정할 수 있다. 조정위원은 당사자가 합의하여 선정한 사람 또는 학식과 덕망이 있는 사람 중에서 위촉하여 각 사건마다 조정장이 지정한다. 조정기일에 당사자가 합의하면 그 합의된 사항을 조서에 기재한다. 조정조서가 작성되면 조정이 성립되고 재판상 화해와 동일한 효력이 발생한다. 조정이 불성립한 경우 특별한 이유가 없는 한 조정담당판사는 직권으로 **조정에 갈음하는 결정**을 내린다. 당사자는 결정문(조서정본)을 송달받은 날로부터 2주일 내에 **이의신청**을 할 수 있고, 이의신청이 있으면 그 결정은 효력을 잃는다. 조정이 성립되지 않거나 조정에 갈음한 결정에 대하여 당사자가 이의신청을 한 경우에는 별도의 신청 없이 사건은 자동으로 소송절차로 이행된다. 만약 이의신청을 하지 않았다면 조정에 갈음한 결정은 확정판결과 동일한 효력을 가진다.

사실상혼인관계존부확인 등의 사건(나류 가사소송사건), 이혼 등을 원인으로 하는 손해배상청구사건(다류 가사소송사건), 친권자의 지정과 자녀의 양육 등에 관한 사건(마류 가사비송사건)과 같은 특정 가사사건은 반드시 재판에 앞서 조정을 거쳐야 하는데, 이를 **조정전치주의**라고 한다. 만약 조정을 신청하지 않고 바로 소송을 제기하거나 심판을 청구한 때에는 가정법원은 그 사건을 조정에 회부하여야 한다(가사소송법 제50조).

민사사건은 상식선에서 조정으로 해결될 수 있는 사건들이 많다. 그럼에도 약한 모습을 보이지 않으려는 당사자의 태도와 우리 사회에 만연한 끝장문화가 소송 남용을 양산하고 있다. 조정을 통해 사건을 대폭 걸러내고 법관의 전문적 판단이 필요한 사건만 재판을 하는 방향으로 사법운영을 개선할 필요가 있다.

6. 간이소송절차

(1) 소액심판제도

일반 민사소송제도는 절차가 복잡하고 오래 걸리며 비용이 많이 든다. 영세소액의 채권자로서는 간편하고 신속하며 저렴하게 재판을 받을 수 있는 현실적인 제도가 필요하다. 이러한 요구에 부응하여 민사소송법에 대한 특례로서 마련된 것이 **소액사건심판제도**이다. 『소액사건심판법』이 이를 규율하고 있다. 소액심판의 대상이 되기 위해서는 원고가 청구하는 금액이 소액, 즉 금전 기타 대체물 또는 유가증권 일정수량의 경제적 평가액(시가)이 **2,000만원** 이하여야 한다. 법원에 비치된 소장서식용지에 필요사항을 기재하여 서명날인함으로써 쉽게 소장을 작성할 수 있다. 구술로써 소를 제기할 수도 있으며, 당사자 쌍방이 임의로 법원에 출석하여 소송에 관하여 진술할 수 있다. 채권자는 소액사건심판법의 적용을 받기 위한 목적으로 청구를 분할하여 그 일부만을 청구할 수 없다(청구권분할의 금지). 보통 재판과 달리 변호사가 아니라도 당사자의 배우자 · 직계혈족 · 형제자매의 관계에 있는 자는 법원의 허가 없이 소송을 대리할 수 있다(소송대리의 특칙). 판사는 되도록 1회의 변론기일로 심리를 종결하도록 하여야 한다. 판사는 직권으로 증거조사를 할 수 있고, 증인을 신문할 수 있으며, 언제든지 당사자 본인을 신문하여 이를 증거로 할 수 있다.

법원은 소가 제기된 경우에 결정으로 소장부본이나 제소조서등본을 첨부하여 피고에게 청구 취지대로 이행할 것을 권고할 수 있다(이행권고제도, 소액사건심판법 제5조의3 제1항). 피고는 이행권고결정서의 등본을 송달받은 날부터 2주일 내에 서면으로 이의신청을 할 수 있다. 법원은 이의신청이 있는 때에는 지체 없이 변론기일을 지정하여야 한다. 이행권고결정은 피고가 이의신청을 하지 않은 때, 이의신청에 대한 각하결정이 확정된 때, 이의신청이 취하된 때에는 확정판결과 같은 효력을 가진다. 이행권고결정에 기한 강제집행은 원칙적으로 집행문 부여를 받을 필요 없이 결정서의 정본에 의하여 실시한다.

통상의 민사소송에서는 변론을 종결하고 2주일 이내에 기일을 다시 열어 판결을 선고하도록 하고 있으나(민사소송법 제207조), 소액재판의 경우 변론종결 후 즉시 판결을 선고할 수 있다(소액사건심판법 제11조의2).

(2) 지급명령제도

지급명령(支給命令)이란, 금전 기타의 대체물 또는 유가증권의 일정 수량의 지급을 목적으로 하는 청구에 관하여 채권자 일방의 신청이 있으면 채무자를 심문하지 않고 채무자에게 그 지급을 명하는 재판을 말한다. 『민사소송법』에 규정되어 있다(제462조 내지 제474조). 채무자의 자발적 이행을 촉구하는 **독촉절차**인 동시에, 채권자의 수고와 비용의 부담을 덜어 주고 간이 · 신속하게 집행권원을 얻을 수 있는 장점이 있다. 다만 지급명령이 통상의 민사소송과 달리 채무자가 절차에 참가하지 않은 상태에서 발하여지므로 채무자 보호를 위하여 지급명령에 대한 이의신청 권한을 보장할 필요가 있다.

일단 지급명령의 신청이 있으면 법원은 신청을 각하하는 경우가 아니라면 채무자를 심문하지 않고 결정으로 지급명령을 발한다. 지급명령이 내려지면 채무자에게 지급명령 정본이 송달된다. 채무자는 지급명령이 송달된 날로부터 2주일 내에 이의신청을 할 수 있다. 채무자가 이의신청을 한 때에는 이의의 범위 내에서 지급명령의 효력이 상실된다. 법원은 이의신청이 적법하지 않다고 인정한 때에는 결정으로 이를 각하하여야 하며, 이 결정에 대해서는 즉시 항고를 할 수 있다. 적법한 이의신청이 있는 때에는 통상의 소송절차로 이행하게 되는데, 지급명령을 신청한 때에 소를 제기한 것으로 본다. 지급명령에 대하여 이의신청이 없거나 이의신청을 취하하거나 각하결정이 확정된 때에는 지급명령이 확정된다.

7. 전자소송의 도입

전자소송이란 법원이 운영하는 전산정보처리시스템을 이용하여 소장을 비롯한 각종 서류가 전자문서의 형태로 제출되고 송달받는 재판방식을 말한다. 법정에서도 판사나 소송당사자는 종이문서 대신 빔 프로젝터(beam projector)나 컴퓨터 등을 이용하여 전자문서를 보면서 재판을 진행한다. 재판절차는 일반소송과 다르지 않다.

일반소송을 일명 종이소송이라고 한다면 전자소송은 종이소송에 비해서 소송당사자가 법원을 방문하는 번거로움 없이 서류를 제출할 수 있고, 인지액과 송달료가 절감되고, 소장 접수 후 첫 기일 지정까지 걸리는 시간도 절약된다. 아울러 소송당사자가 시간과 장소에 구애받지 않고 인터넷을 통해 실시간으로 사건진행정보를 확인할 수 있으며, 언제든지 해당 사건의 소송기록을 온라인상에서 열람·출력할 수 있다.

대법원은 『독촉절차에서의 전자문서 이용 등에 관한 법률』이 2006. 10. 27. 공포됨에 따라 2006. 11. 24.부터 전자독촉시스템을 운용하여 왔다. 지급명령 발령절차를 구체적으로 살펴보면 다음과 같다. 먼저, 지급명령을 신청하고자 하는 채권자는 대법원 전자독촉시스템(http://ecf.scourt.go.kr/wec/ecmain/index.jsp)에 들어가 사용자등록을 하여야 한다. 그 후 전자독촉시스템에 접속하여 지급명령신청서를 작성한다. 지급명령신청서는 전자독촉시스템이 제공하는 양식 빈칸에 필수사항을 채우는 식으로 입력되므로 손쉽게 작성할 수 있다. 지급명령신청에 필요한 인지와 송달료의 납부도 신용카드에 의한 결제, 금융기관의 계좌이체 등 전자적으로 이루어진다. 법원도 전자독촉시스템을 이용하여 지급명령을 내린다. 지급명령이 내려지면 채무자에게 지급명령 정본이 우편으로 송달되고 채무자가 2주일 내에 이의신청을 하지 않으면 지급명령이 확정되는 것은 통상의 절차와 같다. 지급명령이 확정되면 그 사실이 전자독촉시스템에 등록되고, 채권자는 지급명령이 확정된 사실을 미리 등록한 전자메일(e-mail)로 통지받게 된다. 채권자는 이를 자신의 프린터로 집행권원이 되는 지급명령 정본을 출력할 수 있다.

전자소송은 『민사소송 등에서의 전자문서 이용 등에 관한 법률』이 2010. 3. 24. 제정·시행되면서 본격화되었다. 2010. 4. 26. 특허법원에서 제기된 특허전자소송을 시작으로, 2011. 5. 1.부터는 민사본안 사건에 대한 민사전자소송이 시범화되고 2012. 1. 1.부터 민사전자소송이 실시되었다. 대법원에서는 2014년 하반기까지 모든 민사법정을 전자법정으로 전환할 예정이며, 2015년 1월까지 형사사건을 제외한 모든 사건에 전자소송을 전면 도입할 계획임을 밝힌 바 있다.

현재 전자소송을 이용하기 위해서는 대법원 전자소송 사이트(http://ecfs.scourt.go.kr)를 통해 회원가입을 하고 사용자등록을 거쳐야 한다. 원고는 공인인증서로 로그인하여 소장을 작성하여 제출하고, 소장을 우편으로 송달받은 피고는 소송절차안내서에 표시된 전자소송인증번호와 사건번호로 전자소송에 동의한 후 역시 전자문서로 답변서를 제출한다. 장애인 및 고령자 등 정보화 소외계층에게는 전자소송의 혜택이 주어지지 않는다는 단점도 지적되고 있으나 기업체는 물론 일반인 이용자 수는 앞으로 더욱 늘어날 전망이다.

▌참고문헌

법무부, 한국인의 법과 생활, 법무부, 2009

이상수, 교양법학강의, 필맥, 2010

이시윤, 민사소송법, 박영사, 2008

제7장 범죄와 형벌

1. 형법이론

『형법』은 범죄와 형벌을 규정하고 있는 법규범의 총체이다. 형법은 어떤 행위가 범죄이며 그 범죄에 대해 어떤 형벌이 부과되는지를 규정하고 있다. 형벌이 규정되어 있는 행위는 '범죄행위'로서 형법이 적용된다(공범, 미수 등). 형법은 법익의 보호를 목적으로 한다. 형법은 법익을 침해하는 반사회적 행위를 범죄행위라고 하고 그러한 행위에 대해 형법을 부과한 것이다.

오늘날 형벌권은 국가가 가진다. 국가가 범죄자에게 형벌을 부과하는 이유는 '응보'와 '예방'에서 찾을 수 있다. 응보이론은 발생한 범죄에 대해 과거회고적으로 그 범죄에 상응한 응분의 형벌을 부과하여야 한다는 생각에 기초한 형벌이론이다. 원시미개 사회규범에서 볼 수 있는 정의의 관념인 "눈에는 눈, 이에는 이"라는 탈리오법칙(lex talionis)이 응보이론의 가장 소박한 형태이다. 응보이론은 행위자의 행위로 인하여 생긴 해악(범죄)에 대해 동일한 가치의 해악(형벌)을 부과함으로써 행위자의 책임이 상쇄된다는 믿음이 깔려 있다. 이러한 응보적 사고에 반대하는 이론은 형벌을 통해 장래의 범행이 억지되어야 한다는 예방적 목적에서 형법의 본질을 찾고 있다. 형벌이 사회적으로 유용한 수단으로서 일정한 목적을 가져야 한다는 견해는 크게 범죄자 이외의 다른 사람들이 범죄로 나아가는 것을 억지하는 방향(일반예방목적)과 범죄자 개인의 범죄적 성향을 개선하여 다시는 범죄를 저지르지 않도록 예방하는데 초점을 두는 방향(특별예방목적)으로 대별된다.

응보적 형벌이론을 기초로 삼는 입장과 예방적 형벌이론을 주장하는 입장은 범죄자의 인간상, 범죄의 원인, 범죄에 대한 대응수단에 대해서도 다른 태도를 보였다. 18세기 유럽의 계몽사상의 영향을 받은 고전학파는 인간을 '자유의지를 가진 합리적 존재'로 파악한다. 범죄는 무엇이 선이고 무엇이 악인가에 대한 사회적 합의가 반영된 형법을 위반한 것이다. 형벌은 개인의 자유로운 행위선택에 대한 철저한 개인 책임이므로 행위자에게 고통과 해악을 부과하는 응보형이거나 사회일반인의 합리적 행위선택을 강요하기 위한 일반예방이어야 한다고 본다. 반면 19세기 자연과학의 영향 하에서 실증학파(근대학파)는 인간을 자유롭게 행위를 선택할 수 있는 자로 보지 않고 '소질과 환경에 의해 지배되는 숙명적인 존재'로 파악한다. 극단적인 예로서 이탈리아 롬보로소의 《범죄인론》(1876)이라는 책에서는 자유의지를 가진 인간이 선택에 의해서 범죄를 저지른다는 고전주의적 전제를 배격하고 범죄적 소질은 타고 나는 것이라는 〈생래적 범죄인설〉을 주장하였다. 범죄인의 턱, 이마, 광대뼈, 코, 혹은 두개골 모양에서 범죄형인간의 특징을 찾을 수 있다는 것이다. 실증학파는 범죄에 대해서도 법률에 규정된 형식적 개념을 떠나 개인의 반사회성의 징표로 파악한다. 따라서 형벌은 위험한 범죄인으로부터 사회를 방위하기 위해 범죄인을 개선·교화해야 한다는 특별예방으로 나아간다.

종합컨대, 어느 하나만으로 범죄와 형벌의 의미를 명확히 규명해 줄 수는 없다고 본다. 현대 형법은 절충적인 입장을 취하고 있다. 즉, 행위책임을 전제로 대응하면서도 특정 행위자의 생물학적·환경적 요소도 고려하고 있다(예: 형사책임무능력자). 형벌을 부과하는 이유도 응보 및 일반예방 목적에서 더 나아가 범죄인의 재사회화를 위한 특별예방적 요소를 가미하고 있다(예: 집행유예, 가석방제도).

2. 죄형법정주의

죄형법정주의란 범죄가 되는 행위의 유형과 그에 대해 부과될 수 있는 형벌의 종류와 정도는 그 행위 이전에 미리 법률에 규정되어 있어야 한다는 원칙이다. "법률 없으면 범죄 없고 형벌도 없다."라는 사고는 베카리아(Cesare Beccaria)의 《범죄와 형벌》 (1764)이라는 저서 이후 근대형법의 기본원리로서 작용해 왔다. 이는 절대국가시대에서 자행되었던 형벌권의 자의적 행사 및 남용으로부터 개인의 자유와 권리를 보호하려는 계몽주의 내지 인권사상에 바탕을 두고 있다.

현행 헌법은 "누구든지 법률과 적법한 절차에 의하지 아니하고는 처벌, 보안처분, 또는 강제노역을 받지 않는다."라거나(제12조 제1항), "모든 국민은 행위시의 법률에 의하여 범죄를 구성하지 아니하는 행위로 소추되지 아니한다."라는 규정(제13조 제1항)을 통해 이 원칙을 수용하고 있다. 그리고 형법은 제1조 제1항에서 "범죄의 성립과 처벌은 행위시의 법률에 의한다."라고 명시하고 있다.

이러한 죄형법정주의의 구체적인 내용은 다음과 같다. ① 범죄와 형벌은 국회가 제정한 성문의 법률 형식으로 규정되어 있어야 한다(**성문법원칙**). ② 사후적으로 법률을 제정하여 그 행위에 적용할 수 없다(**소급금지원칙**). ③ 법률이 처벌하고자 하는 행위가 무엇이며 그에 대한 형벌은 어떠한 것인지를 예견할 수 있고 그에 따라 자신의 행위를 결정할 수 있도록 명확하게 규정되어야 한다(**명확성의 원칙**). ④ 어떤 사실관계와 유사성이 있다는 이유로 그 행위에 적용될 법률규정을 행위자에게 불리하게 적용해서는 안 된다(**유추금지의 원칙**). 더 나아가 ⑤ 범죄로 마땅히 처벌될 만한 행위만을 처벌하여야 하고 그 처벌의 양도 그 행위의 불법과 책임의 양에 상응하게 적정범위 내에서 부과되어야 한다(**적정성의 원칙**). 이는 형사입법권의 과도한 행사를 제한하는 의미에서 과잉금지의 원칙으로도 불린다. 예컨대 간통을 처벌하는 것이 과연 타당한가 라는 문제는 과잉형벌과 관련하여 많은 논란이 되어 왔다. 도덕이나 윤리로 규율해야 할 문제에 형법이 무리하게 개입해서는 안 된다는 것이 '형법의 탈윤리화'이다. 국가는 형벌을 수단으로 특정의 도덕적 가치관을 강제해서는 안 되며 비도덕적인 행위라는 이유로 형벌을 부과해서도 안 된다. 혼인빙자간음죄는 2009. 11월 헌법재판소의 위헌 결정으로 형법에서 폐지되었다(제10장 「헌법재판」 참고). 형법은 사회통제의 최후 수단으로만 사용되어야 한다는 형법의 보충성 및 형법의 탈윤리화라는 관점에서 본다면 현행 형법 제241조의 간통 또한 범죄로 규정해서는 안 될 행위가 아닐까?

3. 범죄성립요건

어떤 행위가 범죄가 되기 위해서는 구성요건해당성, 위법성, 책임의 요건을 갖추어야 한다.

(1) 구성요건해당성

구성요건해당성이란 문제의 행위가 형벌법규에 해당되는 행위여야 한다는 것이다. 형사처벌의 대상이 되는 행위의 요건을 형벌법규가 규정하고 있기 때문이다. 이 때 죄형법정주의의 구체적 내용들이 전제되어야 함은 물론이다. 범죄를 구성하는 모든 요소들을 총칭하여 구성요건이라고 한다. 구성요건요소에는 행위의 외부적 현상에 해당하는 객관적 구성요건요소와 행위자의 내부적 · 심리적 현상에 해당하는 요소인 주관적 구성요건요소로 나뉜다.

객관적 구성요건요소의 주요내용으로는 '행위'와 '결과' 간에 **인과관

계가 인정되어야만 그 결과를 이유로 형사책임을 지울 수 있다는 것이다. 형법상의 인과관계에 관해 형법은 "어떤 행위라도 죄의 요소되는 위험발생에 연결되지 아니한 때에는 그 결과로 인하여 벌하지 아니한다."(제17조)라고 규정하고 있다. 일반적인 **주관적 구성요건요소**로는 **고의**와 **과실**을 들 수 있다. 고의는 자기의 행위에 의하여 일정한 결과가 발생할 것이라는 것을 인식하는 것인 반면, 과실은 부주의로 인하여 어떤 결과가 발생할 것이라는 것을 인식하지 못하는 것을 말한다. 형법은 고의에 관해 "죄의 성립요소인 사실을 인식하지 못한 행위는 벌하지 아니한다. 단 법률에 특별한 규정이 있는 경우에는 예외로 한다."(제13조)라고 규정하고 있는 반면, 과실에 관해 "정상의 주의를 태만함으로 인하여 죄의 성립요소인 사실을 인식하지 못한 행위는 법률에 특별한 규정이 있는 경우에 한하여 처벌한다."(제14조)라는 입장을 취하고 있다.

예컨대, 살인죄는 사람을 살해함으로써 성립하는 범죄이다. 형법은 살인죄에 관하여 "사람을 살해한 자는 사형, 무기 또는 5년 이상의 징역에 처한다."(제250조)라고 규정하고 있다. 즉, 어떤 행위가 형법상 살인죄로 성립하기 위해서는 '사람을 살해한다'는 살인죄의 구성요건에 충족하여야 한다. 여기서 살인죄의 구성요건을 이루는 요소는 사람, 살해행위 등이며, 행위자의 살해행위와 사람의 사망 사이에 형법상 인과관계(자연과학적 의미의 인과관계 및 객관적 귀속)가 인정되어야 한다. 그리고 '사람을 살해한 자'라고만 되어 있어 고의를 명시적으로 규정하고 있지 않지만 살인죄는 고의가 주관적 구성요건요소인 고의범으로 분류된다.

(2) 위법성

위법성은 해당 행위가 법질서 전체와 모순·저촉된다는 의미이다. 형법은 위법성을 적극적으로 규정하지 않고 위법성을 소멸시키는 사유만을 소극적으로 규정하고 있다. 첫 번째 범죄성립요건인 형법의 구성요건에 이미 위법성의 판단이 반영되어 있기 때문이다. 구성요건해당성을 충족한 행위는 일단 위법성을 갖는 것으로 추정하고, 위법성이 소멸되는 사유를 찾아 이에 해당할 경우에는 범죄가 되지 않는 것으로 본다. 형법상 인정되는 **위법성소멸사유**(혹은 **위법성조각사유**)는 정당방위, 긴급피난, 자구행위, 피해자의 승낙, 정당행위이다.

정당방위(正當防衛)는 '자기 또는 타인의 법익에 대한 현재의 부당한 침해를 방어하기 위한 상당한 이유 있는 행위'(형법 제21조 제1항)를 말한다. 예컨대, 절도범으로 오인 받은 자가 야간에 군중들로부터 무차별 구타를 당한 경우 그 오인한 군중들의 구타행위는 부당한 침해가 되어 이를 방위하기 위하여 소지하고 있던 손톱깎이 칼을 휘둘러 상해를 입혔다면 상해죄가 성립하지 않는다.[47] 정당방위는 '침해의 현재성'이 요구된다. 즉, 침해가 '곧 행해지려 하고 있는 급박한 상태'에 있어야 한다. 과잉방위는 정당방위가 아니므로 원칙적으로 위법성이 조각되지 않지만 정황에 따라 형을 감면할 수는 있다. 한편, 과거로부터 계속된 침해가 있어 왔고 그 후에도 반복될 염려가 있는 상황에서 현재의 침해성을 인정할 수 있을까? 예를 들면, 매일 남편의 가정폭력에 시달려 온 부인이 남편의 폭력으로부터 벗어나기 위해 잠자는 남편을 살해한 경우이다. 이러한 경우에 정당방위를 인정하려는 입장에서는 단순히 이전까지 없던 침해행위가 예상되는 것이 아니라 계속되어 온 침해행위였기 때문에 침해의 현재성을 긍정한다. 그러나 다른 입장에서는 정당방위란 예외적으로 인정되는 경우이므로 현재의 침해성은 엄격하게 해석되어야 하므로 지속적 위험이나 장래의 침해를 방위하기 위한 정당방위는 허용되지 않는다고 본다(이 사례에 대한 법원의 판단에 관해서는 제9장 「가정폭력」 참고).

긴급피난(緊急避難)도 위법성조각사유이다. 긴급피난이란 '자기 또는 타인의 법익에 대한 위난을 피하기 위한 상당한 이유가 있는 행위'(제22

47) 대법원 1970. 9. 17. 70도1473

조 제1항)를 말한다. 위난에 빠져 있는 법익을 보호하기 위해서 다른 법익을 침해하지 않고는 달리 피할 방법이 없을 때 인정되는 정당화사유이다. 예컨대, 건물에 불이 나서 대피하던 중 앞 사람을 넘어뜨려 상해를 입혔다고 하더라도 형사처벌을 받지 않는다. 한편, 수혈받지 않으면 생명이 위태로운 희귀 혈액형을 가진 중환자에게 긴급하게 수혈을 하기 위해 의사가 제3자에 대해 강제채혈을 한 경우 긴급피난으로 인정할 수 있을까? 강제채혈이 적절한 수단이 될 수 없다는 견해는 신체의 일부를 다른 목적을 위한 수단으로 사용하므로 인간의 자유로운 자기결정권의 보장 또는 인간의 존엄성에 반하는 것으로 본다. 그러나 자율성의 원칙의 절대적 가치를 부정하고 인간이 연대적 존재임을 강조하면서, 강제채혈이 환자의 생명을 구하기 위한 필요불가결한 수단이고 그 혈액이 다른 방법으로는 입수될 수 없다면 강제채혈도 긴급피난으로 정당화될 수 있다는 견해도 있다.

자구행위(自救行爲)도 위법성을 조각한다. 자구행위는 '법정절차에 의하여 청구권을 보전하기 불능한 경우에 그 청구권의 실행불능 또는 현저한 곤란을 피하기 위한 상당한 이유 있는'(제23조) 청구권 보전행위이다. 예컨대, 재물을 탈취당한 자가 우연히 절도범인을 만나 그 도품을 탈환하면서 절도범인에게 가해행위를 한 경우에는 과거의 침해에 대한 청구권을 보전하기 위한 자구행위가 인정될 수 있다.

피해자의 승낙(承諾)이란 처분 가능한 법익침해행위에 대해 위법성을 조각시키는 피해자의 동의를 말한다. 단, 승낙하는 사람(피해자)이 임의로 처분할 수 있는 개인적 법익이어야 한다. 예컨대, 휴대폰 소유자가 자기의 휴대폰을 부수라고 허락했다면 그 휴대폰을 파괴하더라도 손괴죄의 책임을 지지 않는다. 그러나 피해자의 승낙이 있더라도 사람을 살해할 수는 없다. 생명은 개인의 처분 가능한 법익이 아니기 때문에 형법은 피해자의 승낙이 있어도 촉탁 · 승낙 살인죄(제252조 제1항)로 처벌하는 규정을 두고 있다.

정당행위란 '법령에 의한 행위 또는 업무로 인한 행위, 기타 사회상규에 위배되지 않는 행위'(제20조)로 정의된다. 사회 내에서의 지배적인 확신이나 사회윤리에 비추어 일반적으로 승인된 가치 있는 행위에 해당하면 벌하지 않는다. 예컨대, 집행관이 압류집행을 위하여 채무자의 주거에 들어가는 과정에서 몸싸움이 벌어지며 채무자에게 가벼운 상해를 입힌 것은 사회통념상 허용될 수 있는 상당성이 있는 행위로서 위법성이 조각된다.[48] 종래 교육 목적상 행해지는 교사의 체벌은 정당행위로 보아왔다.[49] 체벌의 수단과 정도, 피해자의 피해정도를 고려해서 '처벌로서 허용되는 범위' 내에 해당한다면 말이다.[50] 과거 대법원 판례 중에는 "중학교 교장 직무대리자가 훈계의 목적으로 교칙위반학생에게 뺨을 몇 차례 때린 정도는 감호교육상의 견지에서 볼 때 징계의 방법으로서 사회관념상 비난의 대상이 될 만큼 사회상규를 벗어난 것으로 볼 수 없다."고 판단한 적도 있다.[51] 그러나 최근 학생인권조례가 제정되는 등 학생 체벌 문제는 그 어느 때보다 예민한 부분이다(학생인권조례에 관해서는 제2장 「사생활의 비밀과 자기결정권」 참고). 교사의 체벌이 보충적인 수단으로서 부득이한 경우이었음이 충분히 납득되지 않는 한 교사가 학생의 뺨을 수차

48) 대법원 1993. 10. 12. 93도875

49) 대법원은 교사의 학생에 대한 체벌을 징계권의 일환으로서 법령에 의한 정당행위로 인정하였다. 다만 체벌이 징계권의 행사로서 정당행위로 인정되려면 "교육상의 필요가 있어야 될 뿐만 아니라 특히 학생에게 신체적·정신적 고통을 가하는 체벌, 비하하는 말 등의 언행은 교육상 불가피할 때에만 허용되는 것이어서, 학생에 대한 폭행, 욕설에 해당되는 지도행위는 학생의 잘못된 언행을 교정하려는 목적에서 나온 것이었으며 다른 교육적 수단으로는 교정이 불가능하였던 경우로서 그 방법과 정도에서 사회통념상 사용될 수 있을 만한 객관적 타당성을 갖추었던 경우에만 법령에 의한 정당행위로 볼 수 있을 것"이라고 한다(대법원 2004. 6. 10. 2001도5380).

50) 헌법재판소 2001. 1. 27. 99헌마481

51) 대법원 1976. 4. 27. 75도115

례 때리는 것이 과연 정당행위로 인정될 수 있을까?

(3) 책임

어떤 행위가 구성요건에 해당하고 위법하더라도 책임이 인정되지 않으면 범죄가 성립하지 않는다. **책임**은 행위자가 불법한 행위로 나아간 데 대한 부정적 가치판단(비난가능성)을 의미한다.

형법상 책임무능력자로 인정되어 비난가능성이 탈락되는 경우는 두 가지이다. 하나는 연령을 기준으로 14세 미만의 자는 책임이 없다. 이를 형사미성년자라고 부른다. 다른 하나는 행위자의 정신상태를 기준으로 하여 심신장애자의 행위는 벌하지 않는다. 다만 책임무능력자에 대해서는 2005. 8월 이후부터 발효된 『치료감호법』에 따라 치료감호라는 보안처분을 부과할 수 있다. 한편, 한정책임능력자가 있다. 14세 이상의 행위자가 심신장애 상태에 있지만 사물변별능력이나 의사결정능력이 결여되어 있지 않고 미약하게나마 남아 있는 경우에는 책임무능력자는 아니지만 형벌을 감경한다. 그러나 책임능력이 있는 자가 자의로 심신장애상태를 만들어 장애상태에서 구성요건에 해당하고 위법한 행위로 나아간 경우에는 책임이 있다. 술을 마시고 만취한 상태에서 운전을 하거나 사람을 폭행한 경우이다. 행위 당시에는 그 행위의 의미를 알 수 없었다고 하더라도 그러한 상태에 도달한 데 대해(원인에 있어서 자유로운 행위) 행위자에게 책임이 있다고 보기 때문이다.

4. 형벌

형벌이란 범죄에 대한 법률상 효과로서 국가가 범죄자에게 과하는 처벌이다. 우리나라는 형벌 외에도 **보안처분**이라는 형사재제수단이 인정되고 있다(이원적 형사제재체계). 보안처분으로는 치료감호법에서 심신장애 상태, 마약류·알코올이나 그 밖의 약물중독 상태, 정신성적(精神性的) 장애가 있는 상태에서 범죄행위를 한 자를 보호·치료하여 재범을 방지하고 사회복귀를 촉진하기 위해 치료감호 등을 부과한다거나 『소년법』에서 반사회성(反社會性)이 있는 소년의 환경 조정과 품행 교정을 위해 형벌 대신 보호처분으로서 보호관찰 등을 부과하는 것이 있다. 그 외에도 『가정폭력범죄의 처벌 등에 관한 특례법』에서 가정폭력행위자의 환경 조정과 성행 교정을 위해 감호위탁 등의 보호처분을 부과하고 있다(가정폭력범죄의처벌등에관한특례법에 관해서는 제9장 참고). 앞서 본 범죄자의 개선과 사회방위라는 특별예방목적을 위해 고안된 것이 보안처분이다. 대부분 특별법에 그 규정을 두고 있다.

형벌은 사형, 징역, 금고, 구류, 벌금, 과료, 몰수, 자격상실, 자격정지의 9가지가 있다(형법 제41조). 박탈되는 법익의 종류에 따라 생명형(사형), 자유형(징역, 금고, 구류), 재산형(벌금, 과료, 몰수), 명예형(자격상실, 자격정지)의 4가지로 나눌 수 있다.

사형은 생명을 박탈하는 형벌이다. 우리나라에서는 교도소에서 교수형으로 실시된다. 사형제도에 관해 존치론과 폐지론이 대립되어 있다. 우리 헌법재판소는 두 차례에 걸쳐 합헌이라는 결정[52]을 내렸지만 아직도 논란의 여지는 남아 있다(사형제도에 관한 헌법소원에 대해서는 제10장 「헌법재판」 참고). 사형을 존치시켜야 한다는 논거로는 ① 생명은 인간이 가장 애착을 느끼는 것이므로 인간의 생존본능과 죽음에 대한 근원적인 공포까지 고려하면 사형은 강력한 위협(위하)력을 가진다는 점, ② 형벌의 응보적 성격을 부정할 수 없고 극악한 범죄자에게는 사형을 선고하지 않을 수 없다는 점, ③ 중범죄자에 대하여 사형을 과하는 것은 일반국민의 정의 관념에 합치한다는 점 등을 든다. 헌법재판소 결정에 의하면 사형은 극악한 범죄에 대한 정당한 응보를 통하여 정의를 실현하고, 일반

52) 헌법재판소 1996. 11. 28. 95헌바1, 헌법재판소 2010. 2. 25. 2008헌가23

국민에 대한 심리적 위하를 통하여 범죄의 발생을 예방하며, 당해 범죄인의 재범 가능성을 영구히 차단함으로써 사회를 방어하려는 입법목적을 가진다고 밝히고 있다.[53] 이에 반해 사형을 폐지해야 한다는 논거로는 ① 사형은 집행 방법 여하를 불문하고 야만적이고 잔혹하여 인도주의적 견지에서 허용될 수 없다는 점, ② 사형은 인간으로서의 존엄과 가치 및 생명권과 정면으로 모순된다는 점, ③ 생명의 박탈은 원칙적으로 생명권의 본질적 내용을 침해하는 것이라는 점, ④ 정적(政敵) 제거 등 정치적으로 악용되거나[54] 오판(誤判)에 의하여 사형이 집행되었을 때 그 잘못을 회복할 수 없다는 점, ⑤ 사형은 일반인이 기대하는 것처럼 위협적 효과가 크지 않다는 점, ⑥ 형벌의 목적을 개선과 교육에 있다고 볼 때 사형은 그러한 기능을 원천적으로 가지지 못한다는 점, ⑦ 사형제도는 범인의 생명을 박탈하는 것에 중점이 있을 뿐 피해자에 대한 손해배권의내지 구제에 전혀 도움이 안 된다는 점, ⑧ 범죄의 원인에는 범죄인의 악성뿐만 아니라 사회환경적 요인이 차지하는 비중도 무시할 수 없으나 사형은 범죄의 원인을 모두 범죄인에게만 돌리는 불합리한 형벌이라는 점 등이 있다. 그 외에도 ⑨ 사형을 선고하거나 집행하는 법관 및 교도관 등의 인간으로서의 존엄과 가치를 침해한다는 주장도 있다.

사형선고의 허용요건에 관해 우리 대법원은 다음과 같이 밝히고 있다. “사형은 인간의 생명 자체를 영원히 박탈하는 냉엄한 궁극의 형벌로

---

53) 헌법재판소 2010. 2. 25. 2008헌가23

54) 1975. 4. 8. 대법원에서는 박정희 유신정권에 반대하였던 당시 ‘인민혁명당(인혁당) 재건위원회사건’ 연루자 8명의 사형이 확정되었고 18시간 후(9일) 전격적으로 사형이 집행된 바 있다. 법의 이름으로 자행된 사법살인이라는 비판이 거세게 제기되었고, ‘우리나라 사법사상 가장 수치스러운 재판’으로 손꼽혀 왔다. 김대중 정부가 들어선 1998. 11월에는 ‘인민혁명당사건 진상규명 및 명예회복을 위한 대책위원회’가 발족되었고, 2011. 3월 대통령 소속 ‘의문사진상규명위원회’에서 이 사건을 직권조사하였다. 국제법학자협회에서는 1975. 4. 9.을 “사법사상 암흑의 날”로 선포하였으며, 2007. 1월 이 사건 재심에서는 위 8명 모두에게 무죄가 선고되었다.

서 문명국가의 이성적인 사법제도가 상정할 수 있는 극히 예외적인 형벌이라는 점을 감안할 때, 사형의 선고는 범행에 대한 책임의 정도와 형벌의 목적에 비추어 그것이 정당화될 수 있는 특별한 사정이 있다고 누구라도 인정할 만한 객관적인 사정이 분명히 있는 경우에만 허용되어야 한다. 따라서 사형을 선고함에 있어서는 형법 제51조가 규정한 사항을 중심으로 한 범인의 연령, 직업과 경력, 성행, 지능, 교육정도, 성장과정, 가족관계, 전과의 유무, 피해자와의 관계, 범행의 동기, 사전계획의 유무, 준비의 정도, 수단과 방법, 잔인하고 포악한 정도, 결과의 중대성, 피해자의 수와 피해감정, 범행 후의 심정과 태도, 반성과 가책의 유무, 피해회복의 정도, 재범의 우려 등 양형의 조건이 모든 사항을 철저히 심리하여 위와 같은 특별한 사정이 있음을 명확하게 밝힌 후 비로소 사형의 선택 여부를 결정하여야 한다."[55]

우리나라는 1997. 12. 30. 마지막 사형집행이 이루어진 뒤 10년 이상 사형집행이 이루어지지 않아 실질적인 사형폐지국으로 분류되고 있다.

징역과 **금고**는 모두 신체구금을 하는 형벌이다. 징역은 노역이 있고, 금고는 노역이 없다. 징역은 유기와 무기가 있다. 무기징역은 종신형이지만 10년 후에는 가석방이 가능하다. 징역과 금고의 차이는 노역의 유무이지만, 『형의 집행 및 수용자의 처우에 관한 법률』(행형법)은 금고 수형자에 대해서도 신청이 있으면 작업을 과할 수 있도록 하고 있어서(제67조) 징역과 금고 간에 실질적인 차이는 없다. 최근에 징역과 금고의 구별에 반대하는 '자유형 단일화'가 주장되고 있다. **구류**는 1일 이상 30일 미만으로 구금하는 형벌이다. 형법상 구류가 규정되어 있는 죄는 아주 적다. 주로 경범죄처벌법이나 기타 단행법규에 규정되어 있으며, 즉결심판절차에서 부과된다.

벌금과 **과료**는 모두 금전의 납부를 형벌로 부과하는 것이다. 벌금은

55) 대법원 2004. 9. 3. 2004도3538, 대법원 2006. 3. 24. 2006도354

5만원 이상이고, 과료는 2천원 이상 5만원 미만이다. 벌금은 판결확정일로부터 30일 이내에 납입하여야 하며, 그렇지 않을 경우 1일 이상 3년 이하의 기간 동안 노역장에 유치하여 작업에 복무하여야 한다. 과료도 판결확정일로부터 30일 내에 납입하여야 하며, 그렇지 않을 경우 1일 이상 30일 미만의 기간 동안 노역장에 유치하여 작업에 복무하여야 한다. 과료는 형벌의 일종이므로 행정상 필요에 의해 징수하는 과태료와는 구별된다. **몰수**는 범죄행위에 이용된 물건이나 범죄로부터 취득한 물건을 박탈하는 것이다. 몰수의 대상인 물건이 분실되거나 훼손되어 몰수할 수 없는 때에는 몰수에 갈음하여 가액의 납부를 명할 수 있다. 이를 '**추징**'이라고 한다. 추징은 형벌이 아니라 사법처분이다. **자격상실**은 공무원이 되는 자격이나 선거권, 피선거권 등을 박탈하는 형벌이다. 그러한 자격을 기간을 정해 일시적으로 정지시키는 형벌이 **자격정지**이다.

법관이 선고할 형을 정하는 것을 **양형(量刑)**이라고 한다. 이때 범인과 범행 등에 관련된 제반사정을 고려하게 되는데, 법원이 범죄의 정상을 참작하여 형을 감경하는 것을 작량감경(酌量減輕)이라고 한다. 이미 법률상 형을 가중·감경한 경우에도 작량감경이 가능하다.

그 밖에 형의 집행유예 및 선고유예가 있다. **집행유예**란 형을 선고하면서 일정 기간 동안 집행을 유예하고 그 유예기간을 경과한 때에는 형의 선고가 효력을 잃게 하는 제도이다. 3년 이하의 징역 또는 금고에 대해서만 가능하다. 형의 집행을 유예하는 경우에는 보호관찰을 받을 것을 명하거나 사회봉사 또는 수강을 명할 수 있다. **선고유예**란 1년 이하의 징역이나 금고, 자격정지, 벌금 등에 해당하는 경미한 범죄자에 대하여 형의 선고를 유예하고 2년이 경과하면 면소된 것으로 간주하는 제도이다. 처음부터 형을 선고하지 않았던 것이 되어 전과기록도 남지 않는다. 형의 선고를 유예하는 경우에도 재범방지를 위하여 지도 및 원호가 필요한 때에는 보호관찰을 받을 것을 명할 수 있다. 이는 개선 가능한 경미한 범죄자에게 형의 집행 또는 선고 자체를 유예하여 형 집행과 관련된 폐해를 방지하고 장차 피고인의 사회복귀에 도움을 주는 특별예방적 목적을 달성하기 위한 것이다.

참고문헌

김성돈, 형법총론, 성균관대학교출판부, 2009

김성돈, 형법각론, 성균관대학교출판부, 2009

이상수, 교양법학강의, 필맥, 2010

제8장 형사소송

1. 형사절차 법정주의

형법이 적용될 형사사건이 발생하면 먼저 수사가 시작된다. 범인을 조사하고 형사재판에서 유무죄를 가린다. 법원이 유죄판결을 확정하면 선고된 형이 집행된다. 이러한 일련의 과정을 **형사절차**라고 부른다. 형사절차를 통해 실제 행해진 '어떤 행위'가 형법에 규정된 범죄성립요건을 충족시키는지, '누가' 그 범행의 진범인지를 밝힐 수 있다. 또 반사회적 행위를 한 자를 처벌함으로써 사회의 질서를 유지하고 국민의 생명 · 신체 · 자유 · 재산 등을 보호할 수 있게 된다.

그런데 이 과정에서 부당한 체포 · 구금, 잔인한 고문 등 신체의 자유가 침해되는 사례가 적지 않았다. 국가의 수사권이 남용되자 국민의 기본권 보장에 대한 요구가 높아졌다. 그리하여 형사절차는 반드시 법률로 규정되어야 한다는 제안이 힘을 얻었다. 현행 헌법에서는 "누구든지 법률에 의하지 아니하고는 체포 · 구속 · 압수 · 수색 또는 심문을 받지 아니하며, 법률과 적법한 절차에 의하지 아니하고는 처벌 · 보안처분 또는 강제노역을 받지 아니한다."라고 규정하고 있다(제12조 제1항). 헌법상 신체의 자유를 보장하기 위하여 형법은 죄형법정주의를, 형사소송법은 형사절차 법정주의를 수용하게 되었다.

형사절차에 관한 자세한 사항을 법률로 규정한 것이 현행 형사소송법이다. 형식적 의미의 『형사소송법』 이라는 법전 외에 『즉결심판에 관한 절차법』, 『국민의 형사재판 참여에 관한 법률』 등도 넓은 의미의 형사소송법에 속한다. 형사소송법은 적정절차에 따라 범죄를 수사하고, 신속하고도 공정한 재판을 통해 실체적 진실을 발견하는데 목적을 두고 있다. 형사절차는 크게 경찰 또는 검찰의 수사와 검찰의 공소제기, 그리고 법원에서 진행되는 형사재판으로 이루어진다.

2. 수사

(1) 수사의 시작

수사는 범인을 색출하고 증거를 수집하는 활동이다. 수사를 할 수 있는 기관은 검사와 사법경찰관이다. 검사가 수사의 주재자이고 사법경찰관은 모든 수사에 관하여 검사의 지휘를 받는다. 최근에는 경찰이 검사의 지휘를 받지 않고 독자적으로 수사를 진행하려는 '**경찰수사권독립**' 논의가 제기되고 있다. 공안사건, 대형금융비리 혹은 정치적 사건 등의 경우를 제외하고 대부분의 일상적인 형사사건에서는 검찰이 아닌 경찰이 먼저 수사에 착수한다. 수사의 단서로는 자수, 고소나 고발, 현행범의 체포, 변사체의 발견, 신문의 보도, 경찰의 내사 등이다.

여기서, **고소**는 범죄 피해자 또는 그와 일정한 관계에 있는 고소권자가 수사기관에 범죄사실을 신고하여 범인의 처벌을 원한다는 의사표시를 말한다(이와 달리 고소권자 아닌 제3자가 하는 경우는 고발이라고 한다). 고소불가분의 원칙상 공범 중 일부에 대하여만 처벌을 구하고 나머지에 대해서는 처벌을 원하지 않는다는 내용의 고소는 할 수 없다. 고소의 기간은 원칙적으로 제한이 없다. 다만, 친고죄(親告罪)는 범인을 알게 된 날로부터 6개월이 지나면 고소하지 못하며(형사소송법 제230조 제1항). 성폭력범죄 중 친고죄의 경우에는 특별법에 의해서 고소기간을 1년으로 연장하고 있다(『성폭력범죄의 처벌 등에 관한 특례법』 제18조 제1항). **친고죄**라 함은 고소가 있어야 기소할 수 있는 범죄를 말한다(예: 강간죄, 모욕죄, 비밀침해죄, 사자명예훼손죄 등). 범죄에 대한 고소가 있으면 검사는 3개월 내에 수사를 마치고 기소 여부를 결정하여야 한다. 이미 행한 고소는 제1심판결 선고 전까지 취소할 수 있다.

(2) 수사의 진행

경찰이 범죄사건을 수리하고 본격적으로 수사에 착수하였을 경우에는 범죄사실과 범죄혐의를 받고 있는 사람을 경찰내부의 범죄사건부에 일련번호를 붙여 기재하게 된다. 이를 실무상 **입건(立件)**이라고 한다. 내사 사건의 대상인 용의자 내지 혐의자는 이때부터 형사소송법상 **피의자(被疑者)**의 신분이 된다. 입건된 피의자에 대해서는 피의자를 포함한 관계자를 조사하고 증거를 수집하고, 도주 중이거나 행방을 감춘 피의자를 찾아내는 등 피의자의 신변을 확보하는 것이 수사의 핵심이다.

수사기관은 피의자를 출석하도록 하여 진술을 들을 수 있다(**피의자신문**). 피의자는 진술거부권(묵비권)을 행사할 수 있으며, 수사기관은 피의자에 대하여 진술을 강요할 수 없다. 만약에 수사기관이 미리 피의자에게 진술거부권이 있음을 적극적·명시적으로 고지하지 않고 진술을 받은 경우에 피의자의 진술은 위법하게 수집된 증거로서 진술의 임의성이 인정되는 경우에도 증거능력이 부인된다.[56] 그 외에도, 피의자는 변호사의 조력을 받을 권리가 있다.

신체의 자유를 제한하는 강제처분은 법률에 규정이 있는 경우에 한하여 필요한 최소한도의 범위 내에서 하여야 한다. 피의자가 죄를 범하였다고 의심할 만한 상당한 이유가 있음에도 수사기관의 출석 요구를 거부

56) 대법원 2009. 8. 20. 2008도8213

하거나 거부할 우려가 있는 때에는 피의자를 **체포**할 수 있다. 원칙적으로 법관이 발부한 **영장**을 받아서 체포하여야 한다(영장주의, 형사소송법 제200조의2). 수사기관은 피의자를 체포할 때 피의사실의 요지, 체포를 한 이유와 변호인을 선임할 수 있음을 말하고 변명할 기회를 주어야 한다(이른바 '**미란다원칙**'의 고지, 제200조의5).

단, 긴급체포와 현행범인의 체포에서는 예외적으로 영장 없이 체포할 수 있다. **긴급체포**란 ① 중대한 범죄(사형, 무기 또는 3년 이상의 징역이나 금고에 해당)를 저질렀다고 의심할 만한 상당한 이유가 있고, ② 구속할 만한 사유(증거 인멸 또는 도망)가 있으며, ③ 체포영장을 발부받을 시간적 여유가 없을 때 영장 없이 체포할 수 있는 제도이다(제200조의3). 영장주의에 대한 예외이므로 그 요건이 엄격하다. 범죄 혐의가 확실하지 않거나 가벼운 범죄 혐의만으로는 긴급체포를 할 수 없다. 한편, **현행범인**의 경우도 영장 없이 체포할 수 있다. 현행범인이란 범죄를 실행 중이거나 실행한 직후인 자를 말한다. 현행범인은 누구든지 영장 없이 체포할 수 있다(제212조). 준현행범인도 현행범인으로 간주된다. 준현행범인이란 범인으로 불리며 쫓기고 있는 자, 범행에 사용되었던 것으로 보이는 흉기 기타 물건을 소지하고 있는 자, 신체 또는 의복에 범죄의 현저한 증적이 있는 자, 누구임을 묻는 질문에 대답하지 않고 도망가는 자를 말한다. 수사기관이 아닌 자가 현행범인을 체포한 때에는 즉시 수사기관에 인도하여야 한다.

체포한 자를 **구속**하고자 할 때에는 체포한 때로부터 48시간 이내에 구속영장을 청구하여야 한다. 구속영장을 청구하지 않거나 발부받지 못한 때에는 피의자를 즉시 석방하여야 한다. 피의자를 구속하는 경우에도 원칙적으로 **영장**에 의하여야 한다(영장주의). 죄를 범하였다고 의심할 만한 상당한 이유가 있음에 더하여 일정한 구속사유가 있어야 한다. 즉, 일정한 주거가 없을 때, 증거 인멸의 위험이 있을 때, 도망하거나 도망할 염려가 있을 때 중에서 어느 하나에 해당하여야 구속할 수 있다(제201조 제1항). 법관은 구속영장을 발부하기 전에 피의자를 직접 대면하여 심문하여야 한다(**구속영장실질심사제도**). 이는 피의자가 구속으로 인해 장시간 신체적 자유를 제한받게 되므로 수사단계에서 피의자의 인권이 침해되는 것을 방지하기 위함이다(제201조의2). 만약 법관이 영장을 발부하지 않으면 즉시 석방하여야 한다. 영장을 발부 받으면 사법경찰관과 검사는 각각 피의자를 10일씩 구속할 수 있다. 검사의 경우, 판사의 허가를 받아 10일을 넘지 않는 한도에서 구속기간을 1회 연장할 수 있다(제202조, 제203조, 제205조). 구속된 피의자는 법률의 범위 내에서 타인과 접견하고, 서류 또는 물건을 수수하며, 의사의 진료를 받을 수 있고, 변호인과 '접견교통' 할 수 있다.

체포 또는 구속된 피의자는 체포·구속의 적법 여부와 구속 계속의 필요성에 대한 심사를 법원에 청구할 수 있다. 이를 **체포·구속적부심사제도**라고 한다(구속된 피고인을 석방시키는 보석제도와는 구별된다).

수사과정에서 물건을 **압수**하거나 특정 장소 또는 신체를 **수색**하거나 대상물을 **검증**(예: 혈액 채취, 사체 해부)할 때에도 원칙적으로 법관이 발부한 영장이 있어야 한다. 압수·수색·검증은 범죄수사에 필요한 범위 내에서 하여야 한다. 긴급한 경우에도 먼저 압수·수색·검증을 하고 사후에 지체 없이 영장을 발부 받아야 한다.

(3) 수사의 종료

경찰이 수사를 종료하면 반드시 수사기록과 증거물일체를 수사지휘권자인 검찰청의 검사에게 보낸다. 이를 실무상 **송치(送致)**라고 한다. 경찰이 사건을 검찰청에 송치할 때에는 수사결과에 대한 경찰의 의견(기소의견, 불기소의견 등)을 함께 보낸다. 검사는 범죄혐의가 인정되고 처벌의 필요성이 있다고 판단되면 법원에 재판을 요청한다. 이를 **공소제기** 또는 **기소(起訴)**라고 한다. 국가기관 중에서 검사만이 공소를 제기할 수 있다.

이를 검사의 **기소독점주의**라고 한다. 다만, 20만원의 이하의 벌금, 구류 또는 과료에 처할 경미한 사건에 대해서는 예외적으로 경찰서장이 법원에 **즉결심판**을 청구할 수 있는 권한이 부여되어 있다(즉결심판에관한절차법 제2조). 일상에서 주로 접할 수 있는 즉결심판의 대상으로는 『경범죄처벌법』 또는 『도로교통법』 상의 범칙행위에 대해 범칙금이 부과되는 사건을 들 수 있다. 검사는 사건을 수사한 결과 공소를 제기하지 않고 사건을 종료할 수 있다. 이를 **불기소처분**이라고 한다. 불기소처분에는 혐의 없음, 공소권 없음, 기소유예, 기소중지 등이 있다. 이를테면, 범죄사실이 없거나 유죄를 입증할 증거가 충분하지 않아 무혐의처분을 내리는 경우, 간통죄와 같은 친고죄에서 고소가 없고 모욕죄와 같은 반의사불벌죄에서 처벌을 원하지 않는다는 의사가 접수된 경우, 그 외에 공소제기가 가능함에도 피의자의 연령 등의 정상을 참작하면 처벌보다는 교화가 효과적인 것으로 판단되어 기소를 유예하는 경우, 혹은 피의자가 검거되지 않거나 중요한 참고인이 소환되지 않아 수사를 계속할 수 없어 기소중지 결정을 내리는 경우 등이다. 현행법상 공소의 제기 여부도 검사의 재량에 속한다(**기소편의주의**).

한편, 벌금, 과료 또는 몰수에 처할 사건의 경우에 검사는 공판절차 없이 **약식명령**을 청구할 수 있다(형사소송법 제448조). 약식명령은 공소의 제기와 동시에 서면으로 한다.

3. 재판

(1) 당사자주의

형사재판은 검사의 기소에 의해 시작된다. 기소된 피의자는 **피고인**(被告人)이 된다. 피고인은 검사의 공격으로부터 자신을 방어하기 위해

변호인선임권, 증거신청권 등 형사소송법이 부여하고 있는 각종 방어권을 행사할 수 있다. 법원은 검사가 기소한 사건에 대하여 공판을 열어 재판을 진행한다. 공판기일에는 피고인이 출석한 상태에서 법관의 주도 하에 증거를 확인하고 기소된 범죄사실에 한정하여 심판한다. 형사재판은 범죄사실을 중심으로 피고인의 유죄를 증명하려는 검사의 공격과 이에 자신을 방어하려는 피고인 및 그가 선임한 변호인의 방어에 근거한 **당사자주의(변론주의)** 원칙에 의해 이루어진다. 공개된 법정에서 구두로 이루어지는 것이 원칙이다. 법관은 중립적인 위치에서 심리·재판을 한다. 이 과정에서 증거조사, 현장검증, 감정 등이 이루어진다.

(2) 증거조사

증거조사의 핵심 내용 중의 하나가 증인신문이다. 증인으로 출석한 자는 선서 후 신문에 따라 진술(증언)한다. 거짓으로 증언한 증인은 위증죄로 처벌 받는다. 피고인이 법정에서 자백하는 경우에는 일반 증거조사절차가 생략된 **간이공판절차**로 신속히 재판을 진행할 수 있다. 간이공판절차에서는 법원이 상당하다고 인정하는 방법으로 증거조사를 할 수 있다.

실체적 진실의 발견을 이념으로 하는 형사소송에서 범죄사실의 인정은 반드시 증거에 의하여야 하며, 합리적인 의심이 없는 정도의 증명에 이르러야 한다. 증명책임은 검사에게 있다. 피고인이 자신의 무죄 여부를 입증하는 것이 아니라 검사가 피고인의 유죄 여부를 입증하여야 한다. 설령, 피고인에게 유죄의 의심이 간다고 하더라도 검사가 유죄를 충분히 입증하지 못한 경우에는 법관은 무죄 선고를 하여야 한다. 이것이 '**의심스러울 때에는 피고인의 이익으로**'(in dubio pro reo)라는 형사소송법의 원칙이다.

한편, 위법한 방법으로 수집된 증거는 증거능력이 없다. 이를 **위법수집증거 배제법칙**이라고 한다. 증명력이 증거로서의 실질적 가치를 뜻하는 것이라면, 증거능력이란 증거로서 사용될 수 있는 자격을 말한다. 대법원도 헌법과 형사소송법이 정한 절차를 따르지 않고 수집한 증거는 유죄인정의 증거로 삼을 수 없다고 하였다.[57)]

이는 실체적 진실보다 절차적 정의에 초점을 둔 것이다. 위법수집증거의 예로는 영장 없이 압수·수색·검증한 증거물, 위법한 방법으로 얻어진 자백 등이다. 자백의 증거능력이 인정되지 않는 경우로는 고문에 의해 얻어진 자백, 진술거부권을 고지하지 않은 상황에서 얻어진 자백, 위법한 신체구속 중의 자백 등이 해당된다.

그리고 피고인의 자백이 그에게 불리한 유일한 증거인 때에는 이를 유죄의 증거로 하지 못한다(헌법 제12조 제7항 및 형사소송법 제310조). 적법한 방식으로 얻어진 자백이라고 하더라도 자백만을 이유로 유죄 판결을 하기 위해서는 보강증거가 요구된다. 이를 **자백보강법칙**이라고 한다. 간이공판절차에서도 자백보강법칙은 유지된다. 자백 위주의 절차 진행은 위법한 수사방법으로 흐르기 쉽다. 피의자의 인권 침해를 방지하기 위해서는 자백의 증거가치를 현저히 약화시킬 필요가 있다. 자백 이외의 증거를 수집하고 이를 통해 유죄를 인정하도록 유도하려는 것이다.

(3) 판결의 선고

증거조사가 끝나면 법관은 판결을 **선고**한다. 판결은 유죄의 판결, 무죄의 판결로 대별된다. 만일 형식적 소송조건이 결여된 경우에는 공소기각의 판결이 내려질 수도 있다. 유죄판결을 하는 경우에도 법관은 정상을 참작하여 집행유예 또는 선고유예를 선고할 수 있다.

법관의 판결에 수긍할 수 없는 경우에는 판결의 선고가 있는 날의 익일부터 7일 이내에 상급법원에 **상소**할 수 있다. 제2심법원에 대한 상소를 **항소**라고 하고, 대법원에 대한 상소를 **상고**라고 한다. 상소가 없거나

57) 대법원 2007. 11. 15. 2007도3061

상소했어도 상급법원이 이를 기각하면 형은 확정된다. 한편, 유죄의 확정 판결에 대해서도 새로운 증거가 발견되는 등 사실인정의 부당함을 시정할 필요가 있는 때에는 **재심**이 인정된다(비상구제절차).

4. 형사보상과 명예회복, 그리고 피해구조

형사피의자 또는 형사피고인으로서 구금되었던 자가 기소유예 이외의 불기소처분을 받거나 무죄 판결을 받은 경우에는 국가에 대해 그 구금에 대한 보상을 청구할 수 있다. 이는 헌법상의 권리이다(제28조). 이를 자세히 규율하고 있는 법이 『형사보상 및 명예회복에 관한 법률』이다. 법률명에서 알 수 있듯이 이 법은 **형사보상제도** 외에도 **명예회복제도**를 마련하고 있다. 무죄재판 등이 확정된 경우, 수사 또는 재판과정에서 훼손된 명예를 회복하기 위하여 법무부 인터넷 홈페이지에 그 사실을 게재하여 널리 알릴 수 있도록 하고 있다.

형사보상청구권은 피고인뿐만 아니라 피의자에게도 인정된다. 구금되었던 사람에게만 인정되므로 불구속으로 수사 또는 재판을 받은 사람은 보상을 청구할 수 없다. 피고인이 받은 무죄 판결에는 면소 또는 공소기각도 포함되는 것으로 해석한다. 형사보상청구는 손해배상청구가 아니므로 수사기관의 고의 · 과실이나 위법성은 요건이 아니다. 수사기관에 고의 · 과실이 인정되어 불법행위를 구성하면 형사보상과 별도로 국가손해배상을 청구할 수 있다. 구금에 대한 보상금의 하한은 보상청구의 원인이 발생한 연도의 일급 최저임금액의 5배에 구금일수를 곱한 금액이다(형사보상및명예회복에관한법률 시행령 제2조). 사형 집행에 대한 보상의 경우에는 구금보상에 3000만원 이내의 금액이 추가되고, 벌금 또는 과료의 집행에 대한 보상의 경우에는 연5%의 이자를 더해 지급받는다.

한편, 타인의 범죄행위로 인하여 생명 또는 신체에 대한 피해를 당하고도 가해자를 알 수 없거나 가해자가 자력이 없어서 피해의 전부 또는 일부를 배상받지 못해 생계유지가 곤란한 때에는 국가에서 일정 한도의 구조금을 지급하고 있다. 이를 **범죄피해자 구조제도**라고 한다. 이 또한 헌법상 권리이며(제30조), 『범죄피해자보호법』이 자세히 규율하고 있다. 구조금은 유족구조금 · 장해구조금 및 중상해구조금으로 구분하며, 일시금으로 지급한다(범죄피해자보호법 제17조). 유족구조금을 지급받을 수 있는 유족은 구조피해자가 사망하였을 때 배우자 및 구조피해자의 사망 당시 구조피해자의 수입으로 생계를 유지하고 있던 구조피해자의 자녀, 부모, 손자 · 손녀, 조부모 및 형제자매 등이다. 장해구조금과 중상해구조금은 해당 피해자에게 지급한다. 유족구조금은 구조피해자의 사망 당시(신체에 손상을 입고 그로 인하여 사망한 경우에는 신체에 손상을 입은 당시)의 월급액이나 월실수입액 또는 평균임금에 18개월 이상 36개월 이하의 범위에서 유족의 수와 연령 및 생계유지상황 등을 고려하여 대통령령으로 정하는 개월 수를 곱한 금액으로 한다(제22조 제1항). 장해구조금과 중상해구조금은 구조피해자가 신체에 손상을 입은 당시의 월급액이나 월실수입액 또는 평균임금에 2개월 이상 36개월 이하의 범위에서 피해자의 장해 또는 중상해의 정도와 부양가족의 수 및 생계유지상황 등을 고려하여 대통령령으로 정하는 개월 수를 곱한 금액으로 한다(같은 조 제2항). 이 법은 최근 형사조정제도를 신설하여, 당사자 간의 형사분쟁을 공정하고 원만하게 해결하여 범죄피해자가 입은 피해를 실질적으로 회복하는데 필요하다고 인정되는 경우에는 당사자의 신청 또는 직권으로 수사 중인 형사사건을 형사조정에 회부할 수 있도록 하고 있다(제41조).

5. 국민참여재판

2008. 1. 1. 부터 우리나라에서도 일반 국민이 재판과정에 참여할 수

있게 되었다. 즉, 『국민의 형사재판 참여에 관한 법률』이 제정되면서 일정 범죄에 있어서는 일반 국민이 배심원 또는 예비배심원으로서 재판과정에 참여하고 있다. 국민참여재판을 할 수 있는 범죄는 살인, 강도, 강간 등 강력범죄와 뇌물죄 등 일정 범위의 부패범죄, 합의부 관할사건 중 대법원 규칙이 정하는 사건 등의 중한 사건에 한정된다. 대상사건에 해당하는 경우에도 피고인의 의사에 따라 국민참여재판으로 할 것인지 여부가 결정된다. 피고인이 공소사실을 인정하는 자백의 경우에도 국민참여재판이 가능하다. 배심원은 각 지방법원에서 주민등록정보를 활용하여 매년 만 20세 이상의 대한민국 국민 중 해당 지방법원 관할구역에 거주하는 주민 가운데에서 무작위로 선정된다. 배심원의 수는 법정형이 사형 · 무기징역 또는 무기금고에 해당하는 사건의 경우 9명, 그 밖의 대상사건은 7명으로 하되, 피고인 또는 변호인이 공판준비절차에서 공소사실의 주요내용을 인정한 경우에는 5명으로 한다. 또 배심원의 결원 등에 대비하여 5명 이내의 예비배심원을 선정한다.

배심원단의 유 · 무죄에 대한 평결방법은 만장일치로 하며, 만장일치가 안 되면 판사의 의견을 들은 후 다수결에 의하여 평결한다. 평결이 유죄인 경우에는 판사와 함께 양형에 관해 토의한다. 그 후 재판장은 피고인에게 유 · 무죄와 유죄인 경우 그 형을 선고한다. 이 때 배심원의 유 · 무죄에 대한 평결과 양형에 관한 의견은 법관에게 권고적 효력이 있을 뿐이다. 그러나 법관이 배심원의 평결과 다른 선고를 할 경우에는 피고인에게 배심원의 평결 결과를 알리고, 평결과 다른 선고를 한 이유를 판결문에 기재하여야 한다. 이로써 재판의 투명성과 공정성을 제고할 수 있다.

참고문헌

박상기 외 12인, 법학개론, 박영사, 2010
법무부, 한국인의 법과 생활, 법무부, 2009
이상수, 교양법학강의, 필맥, 2010

제9장 가정폭력에 관한 법

1. 가정폭력

가정폭력이란 현재 가족이거나 과거에 가족이었던 사람 사이에 발생하는 모든 종류의 폭력행위를 말한다. 예를 들면, 아버지가 술을 마시고 어머니를 때리거나, 새어머니가 자녀를 정신적으로 학대하는 것이다. 사실혼 관계의 부부, 사실상의 양친자관계도 가정폭력의 적용을 받는다. 가정폭력은 '친밀한 관계에서 발생하는 폭력'이라는 특수성이 있다.

2001년 상영된 《인디언 썸머》 라는 영화는 이러한 가정폭력의 대표적인 법정드라마이다. 영화에서는 정신장애 증세를 보이는 남편의 상습적인 폭행에 시달려 온 아내가 남편의 살해범으로 기소되어 사형선고를 받는 과정에서 실체적 진실을 밝히려는 국선변호인과의 만남을 인디언 썸머(겨울이 오기 전 늦가을에 잠시 나타나는 봄날 같은 화창한 날씨)로 표현하고 있다. 실제로 2011. 4월에는 상습적인 폭력에 시달려온 아내와 자식들이 당일 술에 취하여 '다 죽이겠다'며 흉기를 찾는 가장을 제어하던 중 가장을 사망에 이르게 한 사건이 발생하였다.

오늘날 가정폭력 발생률은 해마다 증가하고 있고, 그 폭력성 또한 점점 심각해지고 있다. 가정폭력의 피해자는 인간으로서 갖는 존엄성이 완전히 박탈된다. 상습적으로 반복되는 구타와 학대로 인해 피해자는 육체적 고통을 겪는 것은 물론, 심리적으로 무력하고 인간으로서의 존엄과 가치를 상실하며 심지어 살해당하기도 한다. 가정폭력을 가정 내의 문제, 즉 사생활의 영역으로 맡겨 둘 것이 아니라 국가가 이에 간섭하지 않으면 안 되는 이유가 여기에 있다. 가정폭력 중에서도 **배우자 폭력**이 절반 이상을 차지하면서 피해여성에 대한 정서적 지원과 법적인 보호는 중요한 사회적 이슈가 되고 있다. 가정 내에서의 배우자 폭력은 국가가 나서서 해결해야 할 시급한 과제이다. 최근에는 결혼이민자 및 그 자녀 등으로 구성된 다문화가족이 증가하면서 가정폭력으로 피해를 입는 결혼이민자들에 대한 지원 및 보호가 국가와 지방자치단체의 중요한 책무가 되고 있다(2008년 『다문화가족지원법』 제정). 이처럼 가정은 새로운 법 제정의 폭풍의 중심에 서 있다.

아래에 소개되는 시는 폴레트 켈리(Paulette Kelly)라는 미국 여성이 쓴 시이다. 그는 13년간 남편에게 맞고 살다가 탈출하여 현재는 폭력가정에서 벗어난 피해자들을 돕고 있다고 한다.

저는 오늘 꽃을 받았어요
Today, I received flowers from my husband

저는 오늘 꽃을 받았어요
제 생일이거나 무슨 다른 특별한 날이 아니었어요
우리는 지난 밤 처음으로 말다툼을 했지요
그리고 그는 잔인한 말들을 많이 해서
제 가슴을 아주 아프게 했어요
그가 미안해하는 것도
말한 그대로를 뜻하지 않는다는 것도 전 알아요
왜냐하면 오늘 저에게 꽃을 보냈거든요

저는 오늘 꽃을 받았어요
우리의 결혼기념일이라거나
무슨 다른 특별한 날이 아닌데도요
지난 밤 그는 저를 밀어붙이고는 제 목을 조르기 시작했어요
마치 악몽 같았어요
정말이라고 믿을 수가 없었지요
온몸이 아프고 멍투성이가 되어 아침에 깼어요
그가 틀림없이 미안해 할 거에요
왜냐하면 오늘 저에게 꽃을 보냈거든요

저는 오늘 꽃을 받았어요
어머니날이라거나 무슨 다른 특별한 날이 아니었어요
지난 밤 그는 저를 또 두드려 팼지요
그런데 그전의 어느 때보다 훨씬 더 심했어요
제가 그를 떠나면 저는 어떻게 될까요?
어떻게 아이들을 돌보죠?
돈은 어떻게 하구요?
저는 그가 무서운데 떠나기도 두려워요
그렇지만 그는 틀림없이 미안해할 거에요
왜냐하면 오늘 저에게 꽃을 보냈거든요

저는 오늘 꽃을 받았어요
오늘은 아주 특별한 날이었어요
바로 제 장례식날이었거든요
지난 밤 그는 드디어 저를 죽였지요
저를 때려서 죽음에 이르게 했어요
제가 좀더 용기를 갖고 힘을 내서 그를 떠났더라면
저는 아마 꽃을 받지는 않았을 거에요

2. 가정폭력 관련 법률의 입법

가정폭력에 대한 법의 대응은 두 가지 입장으로 대립될 수 있다. 하나는, 친밀한 관계를 매개로 하므로 가정폭력은 교정이 가능하다고 보는 입장이다. 따라서 형사처벌적인 대응보다는 사회복지적·치료적 대응의 필요성을 강조한다. 다른 하나는, 친밀한 관계를 악용하여 저질러지는 범죄이므로 일반폭력에 비해 더욱 치명적인 인권침해이고 죄질이 나쁘기 때문에 처벌을 보다 강화하여야 한다는 입장이다. 그러므로 강력한 형벌로서 범죄억제력을 제고하여 피해자와 가정의 안전을 확보하여야 한다는 점을 강조한다. 그렇다면, 우리 법은 가정폭력에 대하여 어떠한 입장을 채택한 것일까?

1998. 7. 1.에 『가정폭력범죄의 처벌 등에 관한 특례법』(이하 '특례법'으로 표기함)과 『가정폭력방지 및 피해자보호 등에 관한 법률』이 함께 시행되었다. 이로써 가정폭력범죄의 처벌과 피해자 보호에 관한 입법적 체계를 갖추게 되었다.

가정폭력방지 및 피해자보호 등에 관한 법률이 가정폭력 실태조사 및 예방교육, 가정폭력 관련 상담소 및 가정폭력피해자 보호시설의 설치 및 운영에 관한 내용을 주로 규정하고 있다면, 본 특례법은 다음과 같은 법적인 의미를 가진다. 먼저, 가정폭력문제가 더 이상 사적인 문제가 아닌 사회적인 문제이자 범죄행위라는 인식을 확인하였다. 단, 가정폭력의 특수성을 감안하여 기존의 형법적 대응과는 다른 절차적 규정을 마련하였다. 종래 이혼소송을 제기하고 형사고소를 하는 것이 통례였다면 가정을 유지시키기 위하여 형사처벌 이전에 피해자를 보호하고 가해자를 개선·교화시키는 법적 장치를 마련하였다. 과거에는 가정폭력을 형사처벌하거나 불기소처분을 내렸던 것에 반해 중간적 제재형태인 '보호사건'으로 처리할 수 있게 되었다. 따라서 일반 형사절차로 처리하게 되면 일반 폭력범죄와 같이 형벌이 부과되지만 가정보호사건으로 처리하게 되면 '보호처분'이 부과된다. 이와 같이 특별법은 가정폭력범죄의 형사처벌 절차에 관한 특례를 규정하고 있다. 단, 특례법은 피해자가 이혼과 형사처벌을 원하지 않고 가해자를 개선시켜 가정을 유지시키겠다는 의사를 가질 때에 유용하다. 그러나 가정폭력범죄 후 피해자가 가해자를 상대로 이혼소송을 제기하였고 가해자 또한 피해자와 이혼하려고 마음먹은 경우에도 특례법이 적용될 수 없는 것은 아니다.[58)]

3. 가정폭력범죄의 개념과 유형

가정폭력이란 가정구성원 사이의 신체적, 정신적 또는 재산상 피해를 수반하는 행위이다(특례법 제2조 제1호). 형법에서 규정한 상해죄와 폭행죄(존속상해 · 존속폭행 · 상습범 등), 유기죄와 학대죄(존속유기 · 영아유기 · 존속학대 · 아동혹사 등), 체포 · 감금죄(존속체포 · 존속감금 · 미수범 등), 협박죄(존속협박 등), 성범죄(강간, 강제추행, 준강간, 준강제추행 등), 명예에 관한 죄(명예훼손 등), 주거침입죄, 권리행사방해죄, 공갈죄, 손괴죄의 재물손괴에 해당하는 죄를 말한다(같은 조 제3호). 살인죄는 가정폭력범죄에 해당되지 않는다.

이 법에서 가정구성원이라 함은 다음 중 하나에 해당하는 자를 말한다. ① 배우자(사실상 혼인관계에 있는 사람 포함) 또는 배우자였던 사람, ② 자기 또는 배우자와 직계존비속관계(사실상의 양친자관계 포함)에 있거나 있었던 사람, ③ 계부모와 자녀의 관계 또는 적모와 서자의 관계에 있거나 있었던 사람, ④ 동거하는 친족이다(같은 조 제2호).

그 동안 가정구성원에 의한 성범죄는 『성폭력범죄의 처벌 및 피해자

58) 대법원 2008. 8. 12. 자 2008어5

보호 등에 관한 법률』에서 친족관계에 의한 성폭력을 규율하기 때문에 가정폭력범죄의 정의에서 제외되어 왔다. 2012. 1. 17. 특례법이 개정되면서 가정구성원에 의한 성범죄가 가정폭력범죄에 포함되었다. 오래 전에는 배우자 강간의 경우에 배우자는 강간죄의 객체가 될 수 없다는 입장에서 부부 강간죄의 성립을 부정하였다. 그러나 부산지방법원이 2009. 1. 16. 외국인 아내를 흉기로 위협해 강제로 성관계를 가진 혐의(성폭력범죄의처벌및피해자보호등에관한법률상 특수강간)로 불구속 기소된 피고인에게 징역 2년6월에 집행유예 3년이 선고됨(피고인이 제기한 항소사건은 2009. 3. 10. 피고인 사망에 따른 공소기각 결정이 내려짐)으로써 국내 최초로 부부강간죄 성립을 정면으로 인정하였다. 형법 제297조의 '부녀'에 '혼인 중인 부녀'가 제외된다고 볼 아무런 근거가 없으며, 강간죄의 보호법익이 여성의 '정조'가 아닌 인격권에 해당하는 '성적 자기결정권'인만큼 아내에게도 같은 권리가 있다고 본 것이다. 항소심으로서는 서울고등법원에서 2011. 9월에 부부 강간죄의 성립을 처음 인정하였다. 법원은 부부 사이에 성관계를 요구할 권리가 있다고 하더라도 폭행과 협박 등으로 강제로 성관계할 권리까지는 있다고 할 수 없다고 하면서, 가해자에게 징역 2년6월에 집행유예 3년을 선고하였다. 민법상 부부간 동거의무는 정상적인 성생활을 요구하는 범위 내에서만 허용되는 것이지 폭행과 협박을 동원한 부부간에 강제 성관계는 강간죄의 구성요건을 충족한다는 것이다.[59] 최근 특별법의 개정으로 인해 이제는 부부 강간을 포함한 가정구성원에 의한 성범죄의 경우도 그 피해자는 본 특례법과 법률에 따른 보호와 지원을 받을 수 있게 되었다.

59) 법률신문 2011. 9. 28. 기사 참고

4. 가정폭력범죄의 처리절차

먼저 **신고** 또는 **고소**가 있어야 한다. 특례법은 가정폭력으로 인하여 직접적으로 피해를 입은 자 외에도 누구든지 수사기관에 신고할 수 있도록 규정하고 있다(특례법 제4조 제1항). 특히 폭력피해자를 교육, 보호, 치료, 상담하는 개인 및 기관의 장에게는 가정폭력의 신고의무를 법제화하고 있다(같은 조 제2항). 최근에는 사회복지 전담공무원이 추가되었다(같은 항 제7호). 신고의무자들이 직무를 수행하면서 가정폭력범죄를 알고서도 신고하지 않으면 300만원 이하의 과태료를 물게 된다(제66조). 피해자 또는 그 법정대리인은 가정폭력행위자를 고소할 수 있다. 특례법은 피해자가 가정폭력행위자를 고소함에 있어서 형사소송법과는 다른 특례를 적용하고 있다. 피해자는 형사소송법 제224조에도 불구하고 가정폭력행위자가 자기 또는 배우자의 직계존속인 경우에도 고소할 수 있다(제6조).

가정폭력이 진행 중임을 신고 받은 경찰은 즉시 현장에 출동하여 폭력행위를 진압하여야 한다(초기 개입 의무화). 긴급치료가 필요한 피해자를 병원에 이송하고, 피해자가 동의한 경우에는 가정폭력 관련 상담소나 보호시설에 피해자를 보낼 수 있다. 또 폭력행위 재발 시에는 임시조치를 신청할 수 있음을 피해자에게 알리고 수사를 하여야 한다(제5조). 이러한 특례법상의 경찰의 **응급조치** 외에도 형사소송법과 경찰관직무집행법에 근거한 조치를 취할 수 있다. 폭력행위자가 현행범인 경우에는 영장 없이 행위자를 체포하여 경찰서에서 인치할 수 있다. 경찰은 가정폭력범죄를 신속히 수사하여 사건을 검사에게 송치하여야 한다. 이 때 해당 사건을 가정보호사건으로 처리하는 것이 적절한지에 관한 의견을 제시할 수는 있으나 직접 가정법원에 가정보호사건으로 송치할 권한은 없다.

경찰로부터 사건을 송치 받은 검사는 수사에 착수하여 경찰의 응급

조치에도 불구하고 가정폭력범죄가 다시 발생할 우려가 있다고 여겨질 때에는 직권으로, 또는 경찰의 신청에 의해 가정법원에 **임시조치**를 청구할 수 있다(제8조).

판사는 검사의 임시조치청구에 대해서 피해자 보호 등을 위해 필요하다고 여겨질 경우에는 우선 임시적으로 가정폭력행위자에게 다음의 조치를 할 수 있다. ① 피해자 또는 가정구성원의 주거 또는 점유하는 방실로부터의 퇴거 등 격리(2개월 이내), ② 피해자 또는 가정구성원의 주거, 직장 등에서 100미터 이내의 접근 금지(2개월 이내), ③ 피해자 또는 가정구성원에 대해 전기통신을 이용한 접근 금지(2개월 이내), ④ 의료기관이나 그 밖의 요양소에 위탁(1개월 이내), ⑤ 경찰관서의 유치장 또는 구치소에 유치(1개월 이내) 중에서 조치할 수 있다(제29조 제1항). 피해자 보호를 위하여 필요한 경우 ①에서 ③까지는 그 기간을 2차례, ④와 ⑤는 1차례만 각 기간의 범위 내에서 연장할 수 있다(같은 조 제5항).

한편, 검사는 가정폭력범죄로서 사건의 성질 · 동기 및 결과, 가정폭력행위자의 성행 등을 고려하여 가정보호사건의 **보호처분**으로 처리하는 것이 적절하다고 판단되는 경우에는 **가정보호사건**으로 취급하여 가정법원에 송치할 수 있다(제9조 및 제11조). 즉, 가정보호사건이라 함은 가정폭력범죄로 인하여 특례법에 의한 보호처분의 대상이 되는 사건을 말한다. 이미 임시조치가 행하여진 사건을 검사가 가정보호사건으로 송치한 경우에는 이미 행해진 임시조치는 그 효력을 잃는다. 가정보호사건으로 처리할지 여부에 대해 검사는 피해자의 의사를 존중하여야 하며, 보호처분을 하는 것이 적합하지 않다고 판단되는 경우에는 형사사건으로 처리하여 형사법원에 공소를 제기할 수 있다.

판사는 가정보호사건을 심리할 때 사생활 보호나 가정의 평화와 안정을 위하여 필요하거나 선량한 풍속을 해칠 우려가 있다고 인정하는 경우에는 결정으로 심리를 공개하지 않을 수 있다(제32조). 판사는 심리의 결과 가정폭력의 정도가 심각하다고 판단한 경우에는 다음의 보호처분을 할 수 있다. ① 피해자 또는 가정구성원에게 접근 제한, ② 피해자 또는 가정구성원에 대해 전기통신을 이용한 접근 제한, ③ 가정폭력행위자가 친권자인 경우 피해자에 대한 친권행사의 제한, ④ 200시간 이내의 사회봉사・수강명령, ⑤ 보호관찰, ⑥ 보호시설에의 감호위탁, ⑦ 의료기관에의 치료위탁, ⑧ 상담소 등에의 상담위탁을 처분할 수 있다. 이 가운데에서 가정폭력행위자를 피해자로부터 분리하는 감호위탁 처분이 가장 강력한 처분에 해당한다. 판례는 사회봉사명령의 법적 성질과 관련하여 다음과 같이 설시하고 있다. "가정폭력범죄를 범한 자에 대하여 환경의 조정과 성행의 교정을 목적으로 하는 것으로서 형벌 그 자체가 아니라 보안처분의 성격을 가지는 것이 사실이지만 한편으로는 가정폭력범죄행위에 대하여 형사처벌 대신 부과되는 것으로서, 가정폭력범죄를 범한 자에게 의무적 노동을 부과하고 여가시간을 박탈하여 실질적으로는 신체적 자유를 제한하는 것이므로, 원칙적으로 형벌불소급의 원칙에 따라 행위시법을 적용함이 상당하다."라고 판시한 바 있다. 이 사건에서 법원은 사회봉사명령을 부과하면서 행위시법상 사회봉사명령 부과시간의 상한인 100시간을 초과하여 상한을 200시간으로 올린 신법을 적용한 것은 위법하다고 보았다. ④를 제외한 모든 보호처분의 기간은 6개월을 초과할 수 없다(제41조). 가정폭력행위자가 ①부터 ③까지에 해당하는 보호처분을 이행하지 않으면 2년 이하의 징역이나 2천만원 이하의 벌금 또는 구류에 처해지며(제63조 제1항), 상습적으로 보호처분을 이행하지 않을 경우에는 3년 이하의 징역이나 3천만원 이하의 벌금에 처해진다(같은 조 제2항). 가정폭력행위자가 ④에서 ⑧까지에 해당하는 보호처분을 이행하지 않으면 500만원 이하의 과태료를 부과받는다(제65조 제3호).

한편, 검사는 가정폭력사건을 수사한 결과 가정폭력행위자의 성행 교정을 위하여 필요하다고 인정하는 경우에 **상담조건부 기소유예**를 할 수 있다(제9조의2). 가정폭력 관련 상담소에서 성실히 상담 받을 것을 조건으로 기소를 유예하는 제도로서 상담을 통해 부부간 중재·화해를 이끌어내고자 한다. 2007년에 신설되었다.

법원은 제1심의 가정보호사건 심리 절차에서 보호처분을 선고할 경우에 직권으로 또는 피해자의 신청에 의해서 가정폭력행위자에 대하여 **배상명령**을 선고할 수 있다(제57조, 민사처리에 관한 특례). 이로써 피해자는 별도의 민사소송을 거치지 않고도 가정폭력으로 인한 손해를 배상받을 수 있다. 배상명령의 내용에는 피해자 또는 가정구성원의 부양에 필요한 금전의 지급 또는 가정보호사건으로 인하여 발생한 직접적인 물적 피해 및 치료비 손해의 배상, 그리고 가정폭력행위자와 피해자 사이에 합의된 배상액이 해당된다. 배상명령은 보호처분의 결정과 동시에 하여야 한다. 배상명령이 확정되었음에도 불구하고 가해자가 배상을 하지 않으면 그 결정서를 가지고 강제집행을 할 수도 있다.

5. 가정폭력 피해자의 '외상 후 스트레스 장애' 인정

2006. 4월에는 지속적인 가정폭력에 시달리며 정서적으로 피폐해 있던 피해자가 가정폭력행위자인 남편을 살해한 사건이 발생하였다. 이를 형법상 위법성 소멸사유인 정당방위 혹은 긴급피난으로 인정할 수 있는지 여부가 쟁점이 되었다. 일각에서는 '매맞는 사람 증후군'(Batterd Person Syndrom)을 앓아 온 피해자가 가정폭력행위자에게 폭력을 가하거나 살인을 한 경우에는 정당방위로 인정되어야 한다는 '매 맞는 아내의 정당방위'(Batterd Woman Defense)라는 용어가 언급되며 사회적 관심이 집중되었다.

변호인은 피고인이 당시 불안스러운 상태 하에서 극도의 공포와 흥분 등으로 범행을 저지르게 된 것이므로, 형법 제21조 제3항 및 제22조

제3항 등에 의하여 피고인의 이러한 행위를 벌할 수 없다는 취지로 주장하였다. 그러나 법원[60]은 "평소 남편으로부터 지속적인 폭행이나 학대를 당해오던 피고인이 잠자고 있는 남편을 살해한 사안에서, 사회심리학자의 견해(이른바 '학대나 폭력의 지속적인 재경험')나 오랜 기간 동안 남편으로부터의 폭력이나 학대에 시달려온 피고인의 특별한 심리상태를 수긍하더라도, 그러한 사정만으로는 살해 당시 객관적으로도 피고인 등의 법익에 대한 침해나 위난이 현존하고 있었다고 보기 어렵다."라는 이유로 정당방위나 긴급피난의 성립을 부정하였다. 법원의 입장은, "형법 제21조 제 성에 규정된 정당방위로 인정되려면 무엇보다도 자기 또는 타인의 법익에 대한 '현재의 부당한 침해'가 있어야 하고, 형법 제22조 제1항에 규정된 긴급피난으로 인정되려면 무엇보다도 자기 또는 타인의 법익에 대한 '현재의 위난'이 있어야 하며, 위와 같은 침해나 위난의 현재성 여부는 피침해자의 주관적인 사정에 따라 결정되는 것이 아니라 객관적으로 결정되어야 할 뿐만 아니라, 이러한 정당방위나 긴급피난이 범죄의 구성요건에 해당하는 어떤 행위의 위법성을 예외적으로 소멸시키는 사유라는 점에 비추어 그 요건으로서의 침해나 위난의 현재성은 엄격히 해석·적용되어야 한다."라는 것이다.

다만 피고인이 10여 년 동안 지속적이면서도 일방적으로 가정폭력이나 학대를 당해 오면서 형성된 **외상 후 스트레스 장애**와 **중등도 우울증 에피소드** 및 충동조절의 장애 등으로 말미암아 사물을 변별할 능력이나 의사를 결정할 능력이 미약한 상태에서 이 사건 범행을 저지른 것으로 인정되어 매우 이례적으로 징역형(3년)의 집행을 유예(5년)하였다(형법 제20조 제2항 및 제1항 참고).

---

60) 대전지방법원 2006. 10. 18. 2006고합102

참고문헌

법무부, 한국인의 법과 생활, 법무부, 2009
EBS 지식채널ⓔ, 지식ⓔ, 북하우스, 2007

제10장 헌법재판

1. 헌법재판소의 지위와 조직

법치주의의 이념을 지향하는 헌법국가는 국민의 기본권을 보장할 수 있어야 한다. 헌법재판제도가 그 기능을 적극적으로 수행하고 있다. 예를 들어, 오토바이 여행을 좋아하는 사람이 고속도로 또는 자동차전용도로에서 오토바이의 통행을 금지하고 있는 도로교통법 때문에 마음껏 속도를 내지 못하고 국도 등으로만 다녀야 하는 것에 불만을 품고 행복추구권이 침해당하고 있다고 생각한다면 그는 헌법재판을 청구할 수 있다. 오늘날 국민의 권리의식이 향상되고 기본권 보장의 범위가 넓어짐에 따라 헌법재판이 활성화되고 있다. 헌법재판에서 재판규범은 당연히 헌법이며, 헌법재판도 재판작용이므로 그 본질은 사법작용이다. 우리나라는 헌법재판을 일반법원에서 담당하는 미국, 일본과 달리 독립된 법원인 헌법재판소에서 담당하고 있다.

헌법재판소는 헌법재판을 담당하는 사법기관으로서 헌법에 관한 최종적인 해석기관이다. 헌법재판소는 입법기능의 담당자인 국회, 집행부의 수반인 대통령, 그리고 최고법원인 대법원과 함께 국가최고기관이며 독립된 헌법기관이다. 즉, 헌법재판소는 헌법에 의해 직접 구성된 기관으로서 다른 국가기관에 종속되지 않고 헌법으로부터 독자적인 기능과 권한을 직접 부여받고 있다. 이와 같이 헌법재판소가 사법기관이며, 헌법상의 기관임을 밝히는 것은 헌법재판소의 인적구성, 즉 헌법재판소 재판관이 어떻게 임용되어야 할 것인가의 문제와 관련이 깊다. 헌법재판 기능이 사법기능이라면 헌법재판소 재판관은 사법적 판단에 적합한 전문성과 공정성을 갖추고 있는 인물이어야 하며, 헌법재판소가 헌법기관이라는 것은 헌법재판소 재판관 역시 그에 상응하는 권위와 정당성을 부여받아야 한다는 의미이다.

헌법재판소는 헌법재판소장, 헌법재판관, 재판관회의, 사무처, 헌법연구관 등으로 조직된다. 헌법재판소의 장은 국회의 동의를 얻어 헌법재판소 재판관 중에서 대통령이 임명한다(헌법 제111조 제4항, 『헌법재판소법』 제12조 제2항). 헌법재판소장은 헌법재판소를 대표하고, 헌법재판소의 사무를 통리하며, 소속공무원을 지휘·감독한다(헌법재판소법 제12조 제3항). 헌법재판소장이 궐위되거나 사고로 인하여 직무를 수행할 수 없을 때에는 다른 재판관이 헌법재판소규칙이 정하는 순서에 의하여 그 권한을 대행한다(헌법재판소법 제12조 제4항). 헌법재판소의 재판관은 법관의 자격을 가진 사람 중에서 대통령이 임명하되, 9인의 재판관 중에서 3인은 국회에서 선출하는 자를, 3인은 대법원장이 지명하는 자를 임명한다(헌법 제111조 제2항 및 제3항, 헌법재판소법 제6조 제1항 및 제2항). 재판관의 임기는 6년이며, 연임할 수 있다(헌법 제112조 제1항, 헌법재판소법 제7조 제1항). 헌법재판소의 재판관은 헌법재판의 공정성을 확보하기 위하여 〈재판관 독립〉이 요구된다. 즉, 재판관은 헌법과 법률에 의하여 그 양심에 따라 독립하여 심판한다(헌법재판소법 제4조). 탄핵결정이 된 경우나 금고 이상의 형의 선고를 받은 경우를 제외하고는 그 의사에 반하여 해임되지 않으며(헌법 제112조 제3항, 헌법재판소법 제8조), 정당에 가입하거나 정치에 관여할 수 없다(헌법 제112조 제2항, 헌법재판소법 제9조). 헌법재판소는 전문성 강화 및 원활한 재판업무의 보조를 위하여 헌법연구관을 두고 있다. 헌법연구관은 헌법재판소장의 임명을 받아 사건의 심리 및 심판에 관한 조사・연구에 종사한다(헌법재판소법 제19조 제3항).

헌법재판소가 심판을 진행하기 위해서는 재판부가 구성되어야 하는데 특별한 규정이 있는 경우를 제외하고는 전원재판부, 즉 재판관 전원으로 구성된 재판부에서 관장한다(같은 법 제22조 제1항). 예외적으로 헌법소원심판의 사전심사를 담당하기 위하여 재판관 3인으로 구성되는 지정재판부를 두고 있다(같은 법 제72조 제1항). 지정재판부는 헌법소원의 심판청구를 각하하거나(같은 조 제72조 제3항) 헌법소원을 재판부의 심판에 회부하는 업무를 수행한다(같은 조 제72조 제4항 제1문).

헌법재판소는 위헌법률심판, 헌법소원심판, 탄핵심판, 정당해산심판, 권한쟁의심판을 행한다(헌법 제111조).

2. 위헌법률심판

위헌법률심판제도는 법률이 헌법에 위반되는지 여부를 적극적으로 다투는 심판절차를 말한다. 위헌법률심판의 대상이 되는 법률은 현재 시행 중인 유효한 법규범이어야 하며, 국회가 제정한 형식적 의미의 법률(이와 동일한 효력을 가지는 긴급명령・조약도 해당)을 의미한다. 이미 법률이 제정된 상태에서만 제청할 수 있기 때문에 아직 법률의 제정이 없는 상태에서 법률의 부존재를 심판의 대상으로 하는 것은 허용될 수 없으나,[61] 법률이 제정되었더라도 불완전・불충분하게 규정되어 청구인의 헌법상 보장된 기본권을 침해한 것으로 판단되는 경우에는 심판의 대상이 될 수 있다.[62]

위헌법률심판의 제청권자는 **법원**이다. 소송당사자는 위헌법률심판을

61) 헌법재판소 2000. 1. 27. 98헌바12, 헌법재판소 2004. 9. 7. 2004헌바63, 헌법재판소 2007. 12. 27. 2005헌가9

62) 헌법재판소 1996. 3. 28. 93헌바27

제청할 수 없고, 그 사건을 담당하는 법원에 대하여 헌법재판소에 위헌법률심판을 해 달라고 요구하는 위헌제청신청을 할 수 있을 뿐이다. 당해 법원은 당사자의 제청신청에 의해 혹은 법원의 직권에 의해 그 사건에 적용될 특정 법률이 헌법에 위반된다는 합리적인 의심이 드는 경우 헌법재판소에 위헌제청을 할 수 있다.

위헌법률심판을 제청하기 위해서는 **재판의 전제성**이 있어야 한다(제청요건). 즉, ① 구체적인 사건이 법원에 계속 중이어야 하고, ② 위헌 여부가 문제되는 법률이 그 사건의 재판에 적용되는 것이어야 하며, ③ 그 법률이 헌법에 위반되는지의 여부에 따라 본 사건을 담당한 법원이 다른 내용의 재판을 하게 되는 경우이어야 한다.

헌법재판소는 제청법원이나 제청신청인이 주장하는 법적 관점에서만 아니라 심판대상규범의 법적 효과를 고려하여 모든 헌법적 관점에서 심사한다. 위헌법률심판을 통하여 헌법재판소가 내릴 수 있는 결정은 크게 각하결정, 단순결정(합헌결정, 위헌결정), 변형결정(한정합헌결정, 한정위헌결정, 헌법불합치결정)의 3유형이다. 특히, 위헌결정을 위해서는 헌법재판관 **6인 이상의 찬성**이 필요하다. 위헌으로 결정된 법률이나 법률조항은 결정이 있은 날로부터 효력이 상실된다(헌법재판소법 제47조 제2항). 원칙적으로 소급효를 부정하고 장래효를 인정하지만, 형벌에 관한 법률이나 법률조항에 대하여 위헌결정을 한 경우에는 예외적으로 소급효를 인정한다. 따라서 위헌결정된 법률이나 법률의 조항에 근거하여 유죄의 확정판결을 받은 경우에는 재심을 청구할 수 있고(같은 조 제3항), 이는 형사소송법의 규정을 따른다(같은 조 제4항). 헌법재판소의 위헌결정은 법원과 그 밖의 국가기관 및 지방자치단체를 기속한다(같은 조 제1항). 한편 헌법불합치결정은 형식적으로는 효력을 유지하지만 입법자는 헌법에 합치하지 않는 법률이나 법률조항을 개정하여야 할 의무를 진다(입법촉구의무). 헌법불합치결정이 있으면, 당해 법률은 실질적으로 위헌법률이 되지만 당분간 그 법률은 법률로서 효력을 지속한다. 헌법불합치결정과 입법촉구결정은 각각 그 자체로서 독자적으로 이루어질 수 있는 별개의 결정형식일 수가 없다. 헌법불합치결정은 입법촉구의 취지를 수반하기 마련이고, 입법촉구결정은 헌법불합치를 그 전제로 하기 마련이다. 헌법불합치결정도 위헌결정의 일종이므로 헌법재판관 6인 이상의 찬성이 있어야 하고, 다른 국가기관에 대한 구속력을 가진다.

【판례 1】 호주제 위헌 제청 등(헌법불합치결정)

1. 당해사건의 신청인들은 서로 혼인하여 동일한 가적에 올라 있고, 호적상 호주는 부(夫)인 신청인으로 되어 있다. 신청인들은 부(夫)가 호주로 되어 있는 가를 무호주, 즉 호주가 없는 가로 바꾸기 위하여 2002. 3.경 관할 호적관청에 호주변경신고를 하였으나, 호적관청은 **현행법상 무호주제도는 인정되지 않는다는 이유로 호주변경신고의 수리를 거부하였다.** 이에 신청인들은 당해사건 법원에 호적관청의 수리거부처분에 대한 불복을 신청하였고, 그 재판 계속 중에 민법 제778조, 제826조 제3항 본문이 위헌이라고 주장하면서 위헌법률심판제청신청을 하였는데, 당해사건 법원은 2004. 2. 9. 민법 제826조 제3항 본문에 대한 신청은 각하하고, **민법 제778조에 대한 신청은 받아들여 헌법재판소에 위헌법률심판을 제청하였다.**

2. 당해사건의 신청인들 중 무호주로의 호주변경신고를 한 신청인들의 본질적 취지는 **부부의 어느 일방도 호주가 됨이 없이 동등한 가족구성원으로 되는 가(家)를 구성하게 해달라**는 것이고, 여기에는 **처의 무조건적인 부가(夫家)입적을 다투는 취지도 포함되어 있다**고 볼 것이므로, 호주 지위의 설정에 관한 민법 제778조와 더불어 처의 부가(夫家)입적에 관한 민법 제826조 제3항 본문 또한 제청신청의 취지와 무관하다고 볼 수 없다.

3. 우리 헌법은 제정 당시부터 특별히 **혼인의 남녀동권을 헌법적 혼인질서의 기초로 선언**함으로써 우리 사회 전래의 가부장적인 봉건적 혼인질서를 더 이상 용인하지 않겠다는 헌법적 결단을 표현하였으며, **현행 헌법에 이르러 양성평등과 개인의 존엄은 혼인과 가족제도에 관한 최고의 가치규범으로 확고히 자리 잡았다.** 한편, 헌법 전문과 헌법 제9조에서 말하는 "전통", "전통문화"란 역사성과 시대성을 띤 개념으로서 헌법의 가치질서, 인류의 보편가치, 정의와 인도정신 등을 고려하여 오늘날의 의미로 포착하여야 하며, 가족제도에 관한 전통·전통문화란 적어도 그것이 가족제도에 관한 헌법이념인 개인의 존엄과 양성의 평등에 반하는 것이어서는 안 된다는 한계가 도출되므로, 전래의 어떤 가족제도가 헌법 제36조 제1항이 요구하는 개인의 존엄과 양성평등에 반한다면 헌법 제9조를 근거로 그 헌법적 정당성을 주장할 수는 없다.

4. 심판대상조항(민법 제781조 제1항 본문 후단부분 등)들은 호주제의 골격을 이루며 호주제와 불가분의 일체를 이루는 핵심요소이므로 **이 조항들이 위헌으로 되면 호주제 및 가제도는 더 이상 존속하기 어렵다.** 위헌결정으로 호주제가 폐지되면 호주를 기준으로 가별로 편제토록 되어 있는 현행 호적법이 그대로 시행되기 어려워, 신분관계를 공시·증명하는 공적 기록에 큰 공백이 생긴다. 이러한 법적 상태는 신분관계의 중요한 변동사항을 호적이 따라가지 못하는 것으로서 중대한 법적 공백을 의미한다. **호주제를 전제하지 않는 새로운 호적정리체계로 호적법을 개정하는 데에는 일정한 시간이 소요되는 반면, 그 동안 국민들의 신분관계의 변동사항을 방치할 수는 없으므로 부득이 헌법불합치결정을 선고하면서 호적법 개정시까지 심판대상조항들을 잠정적으로 계속 적용케 하는 것이 필요하다.** 입법자는 조속히 호적법을 개정하여 위헌인 호주제의 잠정적인 지속을 최소화할 의무가 있다(헌법재판소 2005. 2. 3. 2001헌가9·10·11·12·13·14·15, 2004헌가5(병합)).

【판례 2】 태아의 성별 고지 금지 등 위헌확인(헌법불합치결정)

1. 청구인은 2003. 3. 23. 청구외 이○연과 결혼하여 2003. 4.경 혼인신고를 마쳤고, 위 이○연이 2004. 5.경 임신하여 2004. 12. 23. 초음파검사를 받음에 있어 **의사에게 태아의 성별을 알려줄 것을 요청하였다.** 그러나 담당의사는 '의료인은 태아 또는 임부에 대한 진찰이나 검사를 통하여 알게 된 태아의 성별을 임부 본인, 그 가족 기타 다른 사람이 알 수 있도록 하여서는 아니된다'는 **의료법 제19조의2 제2항으로 인하여 태아의 성별을 알려줄 수 없다는 이유로 이를 거절하였다. 이에 청구인은 위 의료법 규정이 자신의 기본권을 침해하였다고 주장하며, 출산을 한달 정도 앞둔 2004. 12. 28. 이 사건 헌법소원심판을 청구하였다.**

2. 이 사건 규정은 남아선호 사상에 입각한 태아의 무분별한 낙태를 방지하기 위해 입법한 조항으로서 그 입법목적은 정당하다고 할 것이나, **의료인이 태아에 대한 성 감별 결과를 임부와 그 가족 등에게 알려주는 행위를 임부의 임신기간과 무관하게 무조건적이고 일반적으로 금지하고 있는 것은 규제의 방법과 정도에 있어 과잉금지원칙을 위반한 것으로 청구인의 행복추구권과 알권리 등을 침해하는 것이다.** 의학적으로 볼 때 태아가 5-6개월 이상 성장한 후의 낙태는 임부에게 매우 위험하므로 이 경우에 낙태를 하는 경우는 흔치 않고, 적어도 출산을 1-2 개월 앞둔 상태에서는 낙태를 하는 경우가 거의 없다고 할 것인바, 낙태가 불가능하게 되는 시기에 이르러서도 낙태의 위험성이 있다는 이유로 태아의 성별을 알려주지 못하게 하는 것은 태아 가족의 기본권을 지나치게 제한하는 것이다.

3. 국회는 2007. 4. 11. 법률 제8366호로 의료법을 전부 개정하여 위 19조의2 제2항을 제20조 제2항에서 규정하고 있는데, 그 내용에는 변함이 없으므로 이 규정 역시 의료인의 직업수행의 자유와 태아 부모의 태아성별 정보에 대한 접근을 방해받지 않을 권리를 침해하므로 헌법에 위반된다.
그런데 **이 사건 심판대상 규정들에 대해 단순위헌결정을 할 경우 태아의 성별 고지 금지에 대한 근거 규정이 사라져 법적 공백상태가 발생하게 될 것이므로 헌법불합치결정을 한다.** 그리고 의료법 제20조 제2항은 입법자가 2009. 12. 31.을 기한으로 새 입법을 마련할 때까지 잠정 적용하며, 구 의료법 제19조의2 제2항은 이미 개정되어 효력을 상실하고 있지만, 2005헌바90 당해 사건과 관련하여서는 여전히 그 효력을 유지하고 있다고 할 것이므로 당해 사건과 관련하여 그 적용을 중지하고, 국회가 의료법 규정을 개정하면 그 개정법률을 적용하여야 한다(헌법재판소 2008. 7. 31. 2004헌마1010, 2005헌바90(병합)).

3. 헌법소원심판

헌법소원제도는 헌법이 보장하는 국민의 기본권을 공권력(입법작용, 행정작용, 사법작용)이 침해한 경우 그 기본권을 침해받은 자가 구제를 받을 수 있는 절차를 말한다. 개인의 주관적인 권리구제장치이면서 동시에 객관적인 헌법질서 유지를 위한 권력통제장치로서의 의미를 갖는다.

헌법소원에는 ① 헌법재판소법 제68조 제1항의 헌법소원과 ② 같은 조 제2항의 헌법소원의 두 유형이 있다. 전자는 공권력이 행사되거나 행사되지 않음(불행사)으로 인하여 헌법상 보장된 기본권을 침해받은 자가 청구하는 권리구제형 헌법소원(본래적 의미의 헌법소원)이고, 후자는 위헌법률심판에 관한 제청신청이 기각된 당사자가 청구하는 위헌심사형 헌법소원(실제 내용은 위헌법률심판)이다.

헌법소원을 청구할 수 있는 자(청구적격성)는 공권력의 행사나 불행사로 인하여 기본권을 침해받은 자로서, 기본권의 주체가 될 수 있는 자이다. 원칙적으로 대한민국의 국민이며, 여기에는 자연인뿐만 아니라 회사와 같은 법인도 포함된다. 경우에 따라서는 외국인도 헌법이 보장하는 권리 내에서 청구가 가능하다. 또한 인간의 생명전개과정에서 태아는 기본권주체성을 인정할 수 있지만,[63] 아직 모체에 착상되지 않거나 원시선이 나타나지 않은 초기배아는 기본권주체성이 인정되지 않는다.[64]

헌법소원이 적법하기 위해서는 공권력의 행사 또는 불행사로 인해 청구인 자신의 기본권이(자기관련성) 현재(권리침해의 현재성), 다른 국가작용을 매개하지 않고 직접 침해되어야 한다(권리침해의 직접성). 관련이 없는 제3자는 특별한 사정이 없는 한 헌법소원을 제기할 수 없고, 기본권을 현재 현실적으로 침해받는 것이 아니라 앞으로 침해될 우려만으로 헌

63) 헌법재판소 2008. 7. 31. 2004헌바81
64) 헌법재판소 2010. 5. 27. 2005헌마346

법소원을 제기할 수는 없다. 다만, 예외적으로 장래에 침해가 발생할 것이 현재 명확히 예측되는 경우에는 현재성을 인정할 수 있다. 기본권침해의 직접성은 주로 법령에 대한 헌법소원에서 문제되는데, 별도의 집행행위에 의하지 않고 법률 그 자체에 의하여 기본권을 침해하는 경우를 말한다. 별도의 집행행위가 있는 경우에는 〈**보충성의 원칙**〉이 적용되기 때문이다. 헌법소원은 개인의 기본권 침해에 대한 최후의 구제수단이므로 다른 구제절차가 있는 경우에는 그 절차를 먼저 다 거친 후가 아니면 헌법소원을 청구할 수 없다(헌법소원의 보충성). 예를 들어, 서울특별시장의 과징금 부과처분, 교도소장의 미결수 서신발송 거부행위 등과 같은 행정처분은 행정심판이나 행정소송의 절차를 먼저 거쳐야 한다. 다만, 전심절차의 요구가 〈불필요한 우회절차의 강요에 지나지 않아 지나치게 가혹한 경우〉에는 보충성의 예외가 인정된다.[65] 헌법재판소는 청구인이 정당한 이유 있는 착오로 전심절차를 거치지 않은 경우, 전심절차로 권리가 구제될 가능성이 거의 없는 경우, 권리구제절차가 허용되는지 여부가 객관적으로 불확실하여 전심절차의 이행에 대한 기대가능성이 없는 경우를 예외로 들고 있다.

헌법소원심판은 권리관계의 신속한 확정을 통하여 법적 안정성을 도모하고자 청구기간을 두고 있다. 헌법재판소법 제69조 제1항에 의하면, 청구사유가 있음을 안 날로부터 90일 이내에 또는 청구사유가 발생한 날로부터 1년 이내에 심판을 청구하여야 한다. 다른 법률에 의한 구제절차를 거친 경우에는 그 최종결정을 통지받은 날로부터 30일 이내에 청구하여야 한다. 헌법소원은 국민의 침해된 기본권 구제를 목적으로 하므로 권리보호의 이익이 존재하는 경우에만 청구할 수 있다. 권리보호이익은 심판청구의 시점뿐만 아니라 결정의 시점에도 존재하여야 한다.

헌법재판소에 접수된 헌법소원사건은 재판관 3인으로 구성된 지정재

---

65) 헌법재판소 2010. 6. 24. 2008헌마716

판부에서 사전심사를 담당한다. 보충성의 요건을 갖추지 않았거나 법원의 재판에 대해 헌법소원을 제기한 경우, 청구기간이 경과된 경우, 대리인을 선임하지 않은 경우 등에는 청구를 받아들이지 않는다. 지정재판부가 각하결정을 하지 않는 경우에는 심판회부결정을 하고, 전원재판부에서는 이를 심리하여 종국결정(각하결정, 심판절차종료선언, 기각결정, 인용결정)을 내린다. 헌법소원심판의 청구를 심리하여 이유가 없는 경우에는 기각결정을 하고, 이유가 있는 경우에는 인용결정을 한다. 청구가 타당하여 인용하는 경우에는 재판관 6인 이상의 찬성이 있어야 한다. 헌법재판소가 헌법소원을 인용할 때에는 인용결정서의 주문에서 침해된 기본권과 침해의 원인이 된 공권력의 행사 또는 불행사를 특정하고, 그 공권력의 행사를 취소하거나(취소결정) 공권력의 불행사가 위헌임을 확인한다(위헌확인결정). 또 공권력의 행사 또는 불행사가 위헌인 법률에 근거한 것으로 인정되면 당해 법률이 위헌임을 선고할 수 있다(부수적 위헌결정). 헌법재판소가 공권력의 불행사에 대한 헌법소원을 인용하는 결정을 하면 피청구인은 결정취지에 따라 새로운 처분을 하여야 한다.

【판례 3】 혼인빙자간음죄의 위헌소원(위헌확인결정)

1. 청구인 임○연은 2006. 2. 14.부터 2006. 4. 13.까지 사이에 4회에 걸쳐 혼인을 빙자하여 음행의 상습없는 이○희를 각 간음하고, 2005. 9. 22.부터 2005. 10. 2.까지 사이에 4회에 걸쳐 혼인을 빙자하여 음행의 상습없는 김○수를 각 간음하였다는 등의 이유로, 혼인빙자간음, 사기 및 절도로 기소되었다. 청구인 임○연은 1심(서울중앙지방법원 2007고단3067) 및 2심(서울중앙지방법원 2007노4045)에서 징역 2년 6월을 각 선고받아 상고하였고, 그 소송계속 중에 **혼인빙자간음죄를 처벌하는 형법 제304조가 헌법상 사생활의 비밀과 자유를 침해하고 평등원칙에 위반된다는 등의 이유로 대법원에 위헌심판제청신청(2008초기196)을 하였다.** 대법원은 2008. 6. 12. 위 위헌심판제청신청을 기각하였고, 이에 청구인 임○연은 2008. 6. 19. **헌법재판소법 제68조 제2항에 따라 이 사건 헌법소원심판을 청구**하였다.

2. 형법에 의한 성적 자유의 보호는 의사의 자유를 제압당하거나 자유가 없는 경우로 제한되어야 하는데 혼인빙자간음의 경우에는 그 의사를 제압당하였다고 할 수 없고, 진실을 전제로 한 혼전성교의 강제는 도덕과 윤리의 문제에 불과하므로 형법이 개인 간의 사생활 영역까지 규제하여서는 안된다. 따라서 **남녀 간의 자유의사에 의한 성적 행위를 제재하는 이 사건 법률조항은 청구인의 행복추구권이나 성적자기결정권(헌법 제10조) 및 사생활의 비밀과 자유(헌법 제17조)를 침해한 것이다. 또한 행위 주체를 남성으로, 그 보호 대상을 부녀로 각각 한정하여 차별대우를 함으로써 평등원칙(헌법 제11조 제1항)에도 위배된다.** 우리나라의 혼인빙자간음죄와 같이 남녀 간의 자유의사에 의한 성관계를 처벌하는 입법례가 거의 없고, 학계 다수가 이 사건 법률조항의 폐지에 찬성하고 있으며, 1992년 형법 개정시안에서도 폐지키로 예정한 사실이 있다. 우리 사회의 성도덕이나 성윤리가 형법 제정 당시와 많은 변화가 있었으며, 수사실무상으로도 고소인들의 악용 사례가 많으므로 이 사건 법률조항은 위헌선언의 방법으로 폐지되어야 한다.

3. 이 사건 법률조항(형법 제304조)은 개인의 내밀한 성생활의 영역을 형사처벌의 대상으로 삼음으로써 남성의 성적자기결정권과 사생활의 비밀과 자유라는 기본권을 지나치게 제한하는 것인 반면, 이로 인하여 추구되는 공익은 오늘날 보호의 실효성이 현격히 저하된 음행의 상습없는 부녀들만의 '성행위 동기의 착오의 보호'로서 그것이 침해되는 기본권보다 중대하다고는 볼 수 없으므로, 법익의 균형성도 상실하였다.
결국 **이 사건 법률조항은 목적의 정당성, 수단의 적절성 및 피해최소성을 갖추지 못하였고 법익의 균형성도 이루지 못하였으므로, 헌법 제37조 제2항의 과잉금지원칙을 위반하여 남성의 성적자기결정권 및 사생활의 비밀과 자유를 과잉제한하는 것으로 헌법에 위반된다**(헌법재판소 2009. 11. 26. 2008헌바58, 2009헌바191(병합) 결정).

【판례 4】 사형제도에 관한 위헌소원(기각결정)

1. 청구인은 살인과 특수강간 등의 혐의로 기소되어 제1심 및 항소심에서 사형을 선고받고 대법원에 상고를 함과 동시에 **살인죄에 대한 법정형의 하나로서 사형을 규정한 형법 제250조 제1항, 사형을 형의 종류의 하나로서 규정한 같은 법 제41조 제1호, 사형집행의 방법을 규정한 같은 법 제66조, 사형집행의 장소를 규정한 행형법 제57조 제1항에 대한 위헌여부심판의 제청**을 하였으나 대법원은 1994. 12. 19. 청구인의 위 신청을 기각하였다. 이에 청구인은 1995. 1. 3. **헌법재판소법 제68조 제2항에 따라 이 사건 헌법소원심판을 청구하였다.**

2. 형법 제250조 제1항이 규정하고 있는 살인의 죄는 인간생명을 부정하는 범죄행위의 전형이고, 이러한 범죄에는 그 행위의 태양이나 결과의 중대성으로 미루어 보아 반인륜적 범죄라고 규정지워질 수 있는 극악한 유형의 것들도 포함되어 있을 수 있는 것이다. 따라서 사형을 형벌의 한 종류로서 합헌이라고 보는 한 그와 같이 타인의 생명을 부정하는 **범죄행위에 대하여 행위자의 생명을 부정하는 사형을 그 불법효과의 하나로서 규정한 것은 행위자의 생명과 그 가치가 동일한 하나의 혹은 다수의 생명을 보호하기 위한 불가피한 수단의 선택이라고 볼 수밖에 없으므로 이를 가리켜 비례의 원칙에 반한다고 할 수 없어 헌법에 위반되는 것이 아니다.**

3. 모든 인간의 생명은 자연적 존재로서 동등한 가치를 갖는다고 할 것이나 그 동등한 가치가 서로 충돌하게 되거나 생명의 침해에 못지 아니한 중대한 공익을 침해하는 등의 경우에는 국민의 생명·재산 등을 보호할 책임이 있는 국가는 어떠한 생명 또는 법익이 보호되어야 할 것인지 그 규준을 제시할 수 있는 것이다. 인간의 생명을 부정하는 등의 범죄행위에 대한 불법적 효과로서 지극히 한정적인 경우에만 부과되는 사형은 죽음에 대한 인간의 본능적 공포심과 범죄에 대한 응보욕구가 서로 맞물려 고안된 "필요악"으로서 불가피하게 선택된 것이며 지금도 여전히 제 기능을 하고 있다는 점에서 정당화될 수 있다. 따라서 **사형은 이러한 측면에서 헌법상의 비례의 원칙에 반하지 아니한다 할 것이고, 적어도 우리의 현행 헌법이 스스로 예상하고 있는 형벌의 한 종류이기도 하므로 아직은 우리의 헌법질서에 반하는 것으로 판단되지 아니한다.**(헌법재판소 1996. 11. 28. 95헌바1).

4. 탄핵심판

탄핵심판은 일반적인 징계절차에 의해서는 징계가 어려운 행정부와 사법부의 고위 공무원이 그 직무집행에 있어서 헌법 또는 법률을 위반한 경우에 당해 공무원을 공직으로부터 파면하기 위한 특별한 소추절차를 말한다. 탄핵소추의 대상자는 대통령 · 국무총리 · 국무위원 · 행정각부의 장 · 헌법재판소 재판관 · 법관 · 중앙선거관리위원회 위원 · 감사원장 · 감사위원 및 법률에서 탄핵소추의 대상으로 정하는 공무원이다(헌법 제65조 제1항). 그 외에도 검사, 각급 선거관리위원회의 위원, 경찰청장이 포함된다. 국회에서 탄핵소추를 의결하여 그 심판을 청구하면 헌법재판소가 이를 심판한다. 이 때 소추의결서는 심판청구서를 갈음한다. 탄핵심판의 인용결정인 탄핵 결정을 할 때에는 재판관 6인 이상의 찬성이 있어야 한다(헌법 제113조 제1항, 헌법재판소법 제23조 제2항). 헌법재판소의 탄핵 결정에 의하여 파면된 자는 일정 기간(결정선고가 있은 날로부터 5년) 공직취임이 금지된다.

【판례 5】 노무현 대통령의 탄핵결정(기각결정)

1. 국회는 2004. 3. 12. 제246회 국회(임시회) 제2차 본회의에서 **유용태 · 홍사덕 의원 외 157인이 발의한 '대통령(노무현)탄핵소추안'을 상정하여 재적의원 271인 중 193인의 찬성으로 가결하였다.** 소추위원인 국회 법제사법위원회 위원장 김기춘은 헌법재판소법 제49조 제2항에 따라 소추의결서의 정본을 같은 날 헌법재판소에 제출하여 **피청구인(노무현 대통령)에 대한 탄핵심판을 청구하였다.**

2. 피청구인(노무현 대통령)은 ① 2004. 2. 18. 경인지역 6개 언론사와의 합동기자회견에서, "개헌저지선까지 무너지면 그 뒤에 어떤 일이 생길지는 나도 정말 말씀드릴 수가 없다."고 발언하고, ② 같은 달 24. 방송기자클럽 초청 기자회견에서, "앞으로 4년 제대로 하게 해 줄 것인지 못 견뎌서 내려오게 할 것인지 국민이 분명하게 해줄 것", "국민들이 총선에서 열린우리당을 압도적으로 지지해 줄 것을 기대한다.", "대통령이 뭘 잘 해서 우리당이 표를 얻을 수만 있다면 합법적인 모든 것을 다하고 싶다."고 발언하여, **공직선거및선거부정방지법(이하 '공선법'이라 함) 제9조 제1항, 제60조 제1항, 제85조 제1항, 제86조 제1항, 제255조 제1항을 위반하였다.**

3. 결국, 대통령의 법위반이 헌법질서에 미치는 효과를 종합하여 본다면, 대통령의 구체적인 법위반행위에 있어서 헌법질서에 역행하고자 하는 적극적인 의사를 인정할 수 없으므로, 자유민주적 기본질서에 대한 위협으로 평가될 수 없다.
따라서 파면결정을 통하여 헌법을 수호하고 손상된 헌법질서를 다시 회복하는 것이 요청될 정도로, 대통령의 법위반행위가 헌법수호의 관점에서 중대한 의미를 가진다고 볼 수 없고, 또한 **대통령에게 부여한 국민의 신임을 임기 중 다시 박탈해야 할 정도로 국민의 신임을 저버린 경우에 해당한다고도 볼 수 없으므로, 대통령에 대한 파면결정을 정당화하는 사유가 존재하지 않는다**(헌법재판소 2004. 5. 14. 2004헌나1).

5. 정당해산심판

정당해산심판은 정당의 목적이나 활동이 헌법이 정하는 민주적 기본질서에 위배될 때 정부(청구인)가 헌법재판소에 정당(피청구인)의 해산을 제소하여 헌법재판소의 결정에 따라 정당을 해산할 수 있는 제도를 말한다. 아직 우리나라에서는 정당해산과 관련된 직접적인 사례는 없다. 그러나 정당법에 근거한 정당설립과 정당해산과 관련하여 위헌확인 여부가 문제된 경우는 있다.

【판례 6】 정당설립의 자유 등 위헌확인(기각결정)

1. 청구인 민주노동당은 2000. 5. 24. 중앙선거관리위원회에 등록한 정당법상의 정당이고, 청구인 김○은 같은 날 관악구선거관리위원회에 등록한 민주노동당 서울특별시지부 ○○지구당의 위원장이었다. 그런데 정당법이 2004. 3. 12. 법률 제7190호로 개정되어 공포일인 2004. 3. 12.부터 시행됨에 따라, 정당의 지구당제도가 폐지되고 위 ○○지구당의 등록도 말소되었다. 위와 같이 지구당제도가 폐지되고 ○○지구당의 등록이 말소된 것은, "정당은 수도에 소재하는 중앙당과 국회의원지역선거구를 단위로 하는 지구당으로 구성한다. 다만, 필요한 경우에는 특별시·광역시·도에 당지부를, 구·시·군에 당연락소를 둘 수 있다."라고 규정한 위 개정 전의 정당법(이하 '구 정당법'이라 한다) 제3조가 "정당은 수도에 소재하는 중앙당과 특별시·광역시·도에 각각 소재하는 시·도당으로 구성한다."는 내용의 정당법(2004. 3. 12. 법률 제7190호, 이하 '정당법'이라고 하면 개정된 위 정당법을 가리킨다) 제3조로 개정되고 이에 관련된 경과규정인 정당법 부칙 제7조가 규정됨에 따른 것이다. 한편 정당법 부칙 제5조는 폐지되는 지구당의 당원, 재산, 관련서류의 처리에 관하여 규정하고 있다. 이에 청구인들은 **정당법 제3조 및 정당법 부칙 제5조, 제7조에 의하여 헌법 제8조 제1항이 보장한 정당설립, 활동의 자유, 같은 조 제2항이 보장한 조직선택과 결성의 자유를 침해당하였다고 주장하면서 2004. 6. 3. 위 각 법률조항들의 위헌확인을 구하는 이 사건 헌법소원심판 청구를 하였다.**

2. 헌법 제8조 제2항은 "정당은 그 목적·조직과 활동이 민주적이어야 하며, 국민의 정치적 의사형성에 참여하는 데 필요한 조직을 가져야 한다."고 규정하고 있는바, 위와 같은 목적을 달성하기 위하여 **정당의 조직은 (i) 공직 속의 정당, (ii) 토대에서의 정당, (iii) 중앙당으로서의 정당의 세 가지 구성요소로 이루어져야 한다.** 그 중 토대로서의 정당은 상향식 민주주의의 토대가 되는 풀뿌리 당원조직을 보장하는 지구당의 모습으로 나타난다. 그러므로 지구당을 폐지한 것은 정당제도의 본질적 내용을 침해한 것이다.

지구당을 폐지한 취지는 고비용 저효율의 문제를 개선하기 위한다는 것이다. 그러나 고비용 저효율의 문제는 지구당제도 자체의 문제가 아니라, 그 잘못된 운영에서 야기된 것으로, 진성당원으로 이루어진 청구인 민주노동당의 지구당은 이러한 문제가 전혀 없음에도 위 청구인의 지구당을 폐지하는 것은 과잉침해이다.

오히려 지구당을 폐지하는 경우, 정당존립토대의 상실, 각종 연락소나 사조직 등 지구당을 사실상 대신하는 편법의 횡행, 이제 막 자리잡기 시작한 상향식 공천제도에 대한 역행, 원내 진출에 성공한 지역만을 중심으로 정당활동이 이루어지는 지역편중구도의 심화, 중앙당의 비대화와 사조직의 심화로 또다른 고비용구조 창출 등 더 큰 부작용을 가져올 것이다.

3. 이 사건 법률조항들이 정당으로 하여금 그 핵심적인 기능과 임무를 전혀 수행하지 못하도록 하거나 이를 수행하더라도 전혀 비민주적인 과정을 통할 수밖에 없도록 하는 것이라면 정당의 자유의 본질적 내용을 침해하는 것이 되지만, **지구당이나 당연락소(이하 '지구당'이라고만 한다)가 없더라도 이러한 기능과 임무를 수행하는 것이 불가능하지 아니하고 특히 교통, 통신, 대중매체가 발달한 오늘날 지구당의 통로로서의 의미가 상당부분 완화되었기 때문에, 본질적 내용을 침해한다고 할 수 없다.**
첫째, 이 사건 법률조항들의 입법목적인 '고비용 저효율의 정당구조를 개선함'은 그 정당성을 인정할 수 있고, 둘째, 지구당 폐지는 위 입법목적을 달성하는데 효과적이고 적절한 수단일 뿐만 아니라, 지구당을 강화할 것인가 여부에 관한 선택은 헌법의 테두리를 벗어나지 않는 한 입법자가 합목적적으로 판단할 당·부당의 문제에 그치고 합헌·위헌의 문제로까지 되는 것은 아니어서 지구당을 폐지한 것에 수단의 적정성이 있는가 하는 것은 상대적으로 완화된 심사기준에 의하여 판단하여야 하므로, 수단의 적정성을 인정할 수 있으며, 셋째, 지구당을 폐지하지 않고서는 문제점을 해결할 수 없다는 한국정당정치의 현실에 대한 입법자의 진단이 타당할 뿐만 아니라 이 사건 법률조항들 하에서도 정당활동을 할 수 있는 길이 있으므로 침해의 최소성을 인정할 수 있고, 넷째, 이 사건 법률조항들이 달성하려는 공익과 이로 인하여 침해되는 사익 사이에 현저한 불균형이 있다고 보기 어려워 법익의 균형성을 인정할 수 있으므로, 비례원칙에 반하지 아니한다(헌법재판소 2004. 12. 16. 2004헌마456).

6. 권한쟁의심판

권한쟁의심판은 국가기관 상호간, 국가기관과 지방자치단체, 또는 지방자치단체 상호간에 권한이 어디에 있는지 혹은 권한이 어디까지인지(권한의 존부 또는 범위)에 관하여 다툼이 생기는 경우에 당해 국가기관 또는 지방자치단체가 헌법재판소에 청구하여 분쟁을 해결하는 제도를 말한다. 재판관 과반수의 찬성으로 결정을 한다(헌법재판소법 제23조 제2항). 권한의 침해가 없어 권한쟁의심판의 청구가 이유 없는 경우에는 기각결정을 하고 그렇지 않은 경우에는 인용결정을 한다. 권한의 존부나 범위에 관하여 판단하는 경우에 피청구기관의 처분이 이미 청구인의 권한을 침해한 때에는 취소결정을 할 수 있다.

【판례 7】 강서구와 진해시간의 권한쟁의(취소결정)

1. (1) 서울특별시광진구등9개자치구설치및특별시 · 광역시 · 도간관할구역변경등에관한법률(이하 '이 사건 법률'이라 한다)이 1994. 12. 22. 법률 제4802호로 제정되어 1995. 3. 1.부터 시행되었는데, 이 사건 법률 제8조는 청구인과 피청구인 사이의 관할구역변경에 대하여 다음과 같이 규정하고 있다.
① 부산광역시 강서구의 관할구역에 1989. 10. 20. 건설부 고시 제591호로 고시된 산업기지개발구역중 경상남도 진해시 가주동 산171의3번지와 용원동 산2의1번지, 산1의2번지, 산1의1번지, 3의3번지, 4의3번지, 6의2번지, 6의1번지, 11의3번지, 25의2번지, 19의2번지, 200의2번지, 121의2번지, 122의1번지의 북쪽 경계선을 연결한 선과 용원동 1142의3번지, 1143의1번지, 1145의2번지, 1145번지를 연결한 도로 서쪽 경계선의 남동부지역일원 ② 경상남도 진해시의 관할구역 중에서 제1항의 지역을 제외한다.
(2) 청구인은 "이 사건 법률조항에 따라 1995. 3. 1.부터 진해시 용원동 1142의 3, 1143의 1, 1145의 2, 1145를 연결한 도로 서쪽 경계선의 남동부지역일원은 청구인의 관할구역으로 변경되었으므로, 진해시 용원동 1307 도로 32,094.3㎡ 중 별지 도면 표시 1 내지 6, 1의 각 점을 순차로 연결한 선내 '가' 부분 3,323.1㎡[서울특별시광진구등9개자치구설치및특별시 · 광역시 · 도간관할구역변경등에관한법률(1994. 12. 22. 법률 제4802호로 제정된 것) 제8조 제1항에 규정된 진해시 용원동 1142의 3 도로 1,983.8㎡, 1143의 1 구거 50.4㎡, 1145의 2 도로 1,288.9㎡가 1999. 8. 31. 환지된 부분, 이하 '이 사건 1307 도로'라고 한다], 같은 동 1145 도로 1,432.3㎡(이하 이 사건 1307 도로와 1145 도로를 '이 사건 도로들'이라고 한다), 같은 동 1146 제방 117.9㎡(이하 '이 사건 제방'이라고 한다), 같은 동 산 222 임야 1,289㎡(일명 말무섬) 및 같은 동 산 223 임야 198㎡(일명 유주암, 이하 말무섬과 유주암을 '이 사건 섬들'이라고 한다)는 위 조항에서 명시하고 있는 북쪽 경계선과 서쪽 경계선을 연결한 선의 남동부지역 일원에 해당하여 자신의 관할구역이 되었다."고 주장하면서 피청구인에게 지방자치법 제5조에 따라 위 토지들에 대한 사무와 재산을 자신에게 인계할 것을 요청하였다.
그러나, 피청구인은 이 사건 도로들, 제방, 섬들은 이 사건 법률조항에 의하여 관할구역 변경대상에 해당하지 않고 여전히 자신의 관할구역에 해당한다고 주장하면서 현재까지 청구인에게 그 사무 및 재산의 인계를 하지 아니하고 있다(이하 '이 사건 부작위'라고 한다).

(3) 피청구인은 2004. 3. 10. 이 사건 1307 도로 중 일부를 점용하고 있음을 이유로 청구외 박○원에게 금 46,290원, 황○규에게 금 365,410원, 김○균에게 금 164,080원, 이○화에게 금 87,200원, 유○옥에게 금 348,750원의 도로점용료를 각 부과하는 처분을 하였다(이하 '이 사건 점용료부과처분'이라 한다).

(4) **청구인은 2004. 9. 1. 이 사건 도로들, 제방, 섬들이 자신의 관할구역에 속하고, 이 사건 부작위가 위법함을 확인해 줄 것과 이 사건 점용료부과처분의 취소를 구하는 이 사건 권한쟁의심판을 청구하였다.**

2. 피청구인은 이 사건 1307도로가 자신의 관할구역에 속하는 도로법상의 시도로 보아 관리청으로서 도로법 제43조에 근거하여 1995. 3. 1. 이 사건 법률이 시행된 이후인 2004. 3. 10. 이 사건 점용료부과처분을 하였다(을 제53호증의 1 내지 7). 이 사건 1307 도로는 이 사건 법률조항에 의하여 청구인의 관할구역으로 변경되었고, 위 도로는 총길이가 463.9m 정도인 보도(步道)로서 부산광역시 강서구청장이 2002. 10. 24. 도로법 제17조의하여 제19조에 의하여 노선을 인정한 구도(노선명 : 대로1-21호선여 기점 : 녹산공단 동측구역계, 종점 ; 녹산 부산시 행정구역계)의 부속물인 사실이 인정된다(갑 제18호증 내지 제22호증). **그렇다면, 이 사건 점용료부과처분은 피청구인이 자신의 관할구역이 아닌 청구인의 관할구역에 대하여 권한 없이 행한 것으로서 위법할 뿐만 아니라 청구인의 자치권한을 침해한 것이다.**

3. 서울특별시광진구등9개자치구설치및특별시 · 광역시 · 도간관할구역변경등에관한법률(이하 '이 사건 법률'이라 한다)이 1994. 12. 22. 법률 제4802호로 제정되어 1995. 3. 1.부터 시행되었는데, 이 사건 법률 제8조에 따라 이 사건 계쟁토지가 청구인인 부산광역시 강서구의 관할구역으로 변경되었다. 피청구인은 지방자치법 제5조에 따라 위 토지들에 대한 사무와 재산을 청구인에게 인계할 의무가 있음에도 이를 이행하지 않고 있는 부작위는 위법하다. **청구인의 관할구역으로 변경된 위 토지에 대하여 피청구인이 점용료부과처분을 한 것은 처분권한 없는 자가 한 처분으로서 위법한 것이므로 취소되어야 한다**(헌법재판소 2006.08.31, 2004헌라2).

▌참고문헌

이준일, 헌법학강의, 홍문사, 2011

허영, 헌법소송법론, 박영사, 2011

저 자 약 력

경북대학교 법과대학 사법학과 졸업
경북대학교 대학원에서 법학석사 및 법학박사 학위 취득
독일 괴팅엔(Goettingen)대학 의료법및의약품법연구소 연구원 역임
대한의사협회 의료정책연구소 법제도팀 책임연구원 역임
서울대학교 의과대학 법의학교실 연구원 역임
현재 대전고등법원 조정위원 및 금융감독원 금융분쟁조정위원회 전문위원
현재 한국생명공학연구원 · 한국한의학연구원 등 생명윤리심의위원회 위원
현재 충북대학교 법학전문대학원 교수

현대법학입문

저 자 : 류 화 신
발행처 : 충북대학교 출판부
발행인 : 김 승 택
주 소 : (361-763) 충북 청주시 흥덕구 내수동로 52(개신동)
전 화 : (043) 261-2952, 3014
팩 스 : (043) 274-1256
이메일 : presscbu@chungbuk.ac.kr
등 록 : 제1983-2001-7호
초판1쇄: 2012. 8. 31.
인쇄처 : 수덕인쇄사

* 이 저서는 2009년도 충북대학교 학술연구지원사업에 의하여 발행되었음 (This work was supported by the research grant of the Chungbuk National University in 2009).

ISBN 978-89-7295-192-6 93360

값 13,000원